シリーズ「遺跡を学ぶ」062

新泉社

縄文の漆の里

下宅部遺跡

千葉敏朗

縄文の漆の里
―下宅部遺跡―

千葉敏朗

【目次】

装幀　新谷雅宣
本文図版　中原利絵

第1章　水の恵み

1　思いがけない発掘

宅部川

東京周辺の衛星写真を拡大していくと、西側約三分の一は濃い緑色におおわれ、森林地帯が広がっていることがわかる。そして濃い緑がいったん途切れたその東側、東京都のほぼ中央部北端に、離れ小島のような緑地帯がある（図1）。下宅部《しもやけべ》遺跡は、その緑地帯「狭山《さやま》丘陵」の谷間から発見された。一九九五年の冬のことである。

狭山丘陵は、東京都と埼玉県にまたがって横たわっている。湧水《ゆうすい》や川が多く、水に恵まれた土地である。東京都側には多摩《たま》湖、埼玉県側には狭山湖がある。二つの湖はいずれも人工湖であり、多摩湖の正式名称は村山貯水池、狭山湖は山口貯水池で、いずれも東京都の水瓶である。

このうち多摩湖は、東大和《ひがしやまと》市から流れ出る宅部川《やけべがわ》を堰《せ》き止めてつくられている。もっとも、

図１●狭山丘陵と下宅部遺跡
緑豊かな狭山丘陵だが、東端部は開発で侵食され市街地化が進んでいる。
下宅部遺跡はそうした場所から発見された。

湖を満たしているのは多摩川からトンネルで引いた水であり、今の宅部川にそれだけの水量はない。しかし、太古には丘陵を浸食し、谷を削り出した川である。宅部川は、今は下流の東村山市に入ると北川《きたがわ》と名前を変え、やがて柳瀬川《やなせがわ》に合流し荒川に注ぐ。古くはこの川筋の一帯を宅部郷と称していた。東村山市野口町に建つ国宝・正福寺《しょうふくじ》地蔵堂は一四〇七年（応永一四）建立であるが、その棟札《むなふだ》にも宅部郷の文字がみえる。この宅部川の下流部に旧石器時代から中世までつづく遺跡がみつかり、下宅部遺跡と名づけられた。

こんな所に縄文の遺跡が

一九九五年、東京都東村山市多摩湖町の都営住宅建て替えの計画をうけ、遺跡の確認調査がおこなわれることになった。当時、この一帯は周知の遺跡としては認識されておらず、本来な

図 2 ● 下宅部遺跡と周辺の遺跡
下宅部遺跡がある谷には、重要な遺跡が集まっている。縄文時代から中世にかけて常にポイントとなる土地であった。

らば遺跡の有無の確認のための調査はしなくてもよい土地であった。

しかし、北川（宅部川）を挟んだ南側には、武蔵野台地では数少ない縄文時代晩期の住居跡が出土した日向北《ひなたきた》遺跡があり、北側の丘陵上には、現在東京国立博物館に展示されている、古代の瓦塔《がとう》の標準資料ともいえる「多摩湖町出土瓦塔」が発見された宅部山遺跡の存在が知られていた（図2）。また、北川を約五〇〇メートル下ったところには、低湿地から遺物の出土が確認されていた鍛冶谷《かじがや》ッ遺跡があった。なお、最近の調査によって、この鍛冶谷ッ遺跡も下宅部遺跡と同様に、縄文時代後・晩期から古墳時代・古代にわたる水辺の遺跡であることが確認されている。

こうした重要な遺跡が周辺にあったことと、丘陵の縁辺部という特殊な地形であったため、土層の堆積状況の確認などの地質調査をかねて、土地所有者である東京都住宅局の協力のもと、遺跡の確認調査をおこなうことができた（図3）。その結果、縄文時代と古代の遺物がまとまって出土した。とくに縄文時代の資料は、武蔵野台地では非常に数の少ない縄文時代後・晩期のものであり、しかも木材などの有機質の遺物が出土する低湿地遺跡であ

図3 ● 1995年の確認調査
低湿地遺跡の調査は地下水との戦いでもある。

ることがわかった。

遺跡の重要性が高いことから、翌年には下宅部遺跡調査団を結成し、この後、六年間にわたる本格的な発掘調査が開始された。予想どおり縄文時代の川がみつかり（図4）、大量の樹木とともに漆《うるし》塗りの弓などの木製品がぞくぞくと出土した（図5）。各種の水場遺構も発見され、埋没していた水辺の遺跡がそのままの姿をあらわしたのである。

川の遺跡にみる層の不思議

武蔵野台地から発見される遺跡では、通常は深くても一メートルほど掘れば関東ローム層に達する。縄文時代の遺物や遺構は、地表とこの関東ローム層の間から発見される。しかし、下宅部遺跡は地表から約二メートル掘ったあたりから縄文時代の遺物が出土しはじめ、深いところでは三メートル以上になる。しかも、遺構・遺物が多く含まれていたのは川砂の層であり、その下はローム層ではなく粘土層であった。

狭山丘陵を削った谷は、縄文時代にもっとも深くなる。谷底を流れる川の河床は、目に鮮やかな青い粘土層である。この粘土層は約一七〇万年前から一〇〇万年前の海岸に堆積したもの

図4●あらわれた縄文の川
川底の凹みや土層の堆積状況から、幅数メートルの川が移動しながら流れていたことがわかる。

で「狭山層」という名前がついている。ちなみに、この粘土は縄文土器をまねてつくるのに適している。土器を焚き火で焼き上げる「野焼き」をしても、この粘土でつくった土器が割れることはめったにない。

下宅部遺跡では、約一〇〇万年以上前の青い粘土層の上に数千年前の縄文時代の層が堆積している。土層は連続して堆積しているのが普通である遺跡の調査としては、あまりお目にかかれないほどの不整合だが、悠久の地球の営みのなかではささいな現象であろう。ただし、この失われた土層の間に人がいなかったわけではない。下宅部遺跡からは、縄文時代の遺物のなかに混在して旧石器時代の石器も出土している。堆積と浸食をくり返すのが川の姿であり、その多様な顔をもつ川を利用してきた人びとの知恵を、下宅部遺跡の調査成果から知ることができる。

2　水辺の遺跡

低湿地遺跡

川や沼、湖、海岸などの水辺を利用した生活の様子がそのまま埋もれ、その後も地下水によって水漬け状態のまま発見された遺

図５ ● 18号弓の出土状況
さまざまな技法が駆使された漆塗りの弓。
この弓の出土は感動的であった。

跡のことを低湿地遺跡という。

低湿地遺跡の最大の特徴は、植物などの有機質の遺存体が大量に出土することである。自然に繁茂していた植物だけではなく、その植物を材料とした人工品、弓や容器などの木製品やカゴなどの編組製品、繊維製品やさまざまな漆製品が出土する。また、食料とした木の実、シカやイノシシの骨など、普通なら腐ってしまうものが、数千年の時を超えて砂や泥のなかから姿をあらわす。地下水に守られて酸化やバクテリアによる分解が進まなかったためである。

台地上の集落遺跡などの調査のなかで、想像で補っていた部分が現物として出土する。見学者に磨製石斧《ませいせきふ》で切った伐採痕《ばっさいこん》が残る木材を見せながら「磨製石斧は木を切るための道具です」と説明することができるのも地下水のおかげである（図8参照）。

水の恵み

低湿地遺跡は泥のイメージが強いが、下宅部遺跡は河原を利用した遺跡であり、縄文時代の遺構・遺物が埋まっていた土層は、泥ではなく実は砂の層、川砂である。砂のなかでも粒が粗い砂礫層（粒径二〜五ミリを含む）から遺物が大量に出土した。泥は流されてしまう流速なので、かなり透明度の高いきれいな水が流れていたことを示している。水がきれいなときに河原の利用頻度も高かったということだろう。

川を流れる水の作用の主なものに、浸食、運搬、堆積というのがある。流れの強い上流部で土砂を浸食し、下流に運搬し、流速が遅くなると重いものから順に堆積させていく。砂層は水流が砂を運ぶ力がなくなったところに砂が堆積して形成されたものである。泥の粒子はこまかく軽いので、もっと先まで流されてしまう。または障害物があって流速が遅くなったところに堆積する。土砂と一緒に流される木の枝や葉、木の実なども同様で、流されやすいものは泥と一緒に堆積する。そのため、木の実や葉は泥のなかから出土することが多くなり、必然的に有機質層は泥の層となる。逆に考えると、砂層からはあまり出土しないはずのドングリがまとまってみつかったとしたら、それは自然現象ではなく、人の手が介在していることを示唆しているといえる。

縄文時代の水場での作業というと、まずあげられるのはトチの実やドングリなどの堅果類の水晒《みずさら》しである。虫殺しやアク抜きをするために、木枠をつくったりカゴに入れたりして流水に沈めておく。下宅部遺跡でも、ドングリが入ったカゴが出土しているし、トチ塚・クルミ塚があるので、堅果類の処理をおこなっていたことは間違いない。また、木材加工をするときにも、石器で削りやすくするために、水で木をぬらしてやわらかくする。川で漁をし、河原でシカ・イノシシの解体もおこなっていた。川はそうした日々のさまざまな生活、生業活動の場であった。

下宅部遺跡の調査に携わって、「二つの水の恵み」があることを実感した。一つは、縄文人の豊かな生活を支えた水。もう一つは、その生活の様子を包み込み、現代の我々に届けてくれた水である。

水がどのようなものを届けてくれたのか、次章からみていこう。

第2章　ぞくぞくと出土した木製品

1　縄文時代の作業場

縄文時代早期〜中期（約九〇〇〇〜四〇〇〇年前）

下宅部遺跡（図6）は、その出土品の多さから縄文時代がクローズアップされることが多いが、遺物としては旧石器時代のナイフ形石器なども出土している。縄文時代の川から出土したものには水流によるローリングを受けたことが明らかなものもあるが、縁辺が鋭くさほど摩耗していないものもあり、近くに旧石器時代の遺跡があったことは確かであろう。

縄文時代早期から前期にかけては、若干の遺物が出土したのみで遺構は確認されていないが、中期に入るとクルミ塚や水場遺構が形成されはじめる。

第一号クルミ塚と第二号クルミ塚の二カ所のまとまりがあり、あわせて三万点以上の破砕されたクルミが集積していた。第一号クルミ塚は、半割された直径約五〇センチの二本の丸太が平行して設置されていた第一一号水場遺構の、その丸太と丸太の間に集積していた。また、第二号クルミ塚（図19）からは前期と中期の土器片のみが出土し、後期の土器片は入り込んでいなかったため、中期に属することが確認できた。なお、これら三つの遺構は、放射性炭素法による年代測定でも中期の年代が出ている。

縄文時代後期（約四〇〇〇〜三〇〇〇年前）

下宅部遺跡が、もっとも活用された時期になる。ただし、後期初頭（称名寺式）は希薄であり、後期前葉から中葉（堀之内式から加曽利Ｂ式）が主体となる。河道部からは、第三、四、七、八号の四基の水場遺構、ほかに杭群や集石、堅果類や獣骨の集中地点などが発見されている。これらの遺構は堅果類のアク抜きに特化された施設ではなく、そのほかにも有用材の集積や木材加工、漁撈、シカやイノシシの解体など、さまざまな生業活動の痕跡が複合的に検出されたものである。

また、河道部から一段上がった低地平坦部、丘陵縁辺部からは、埋設土器や焼土跡、竪穴状遺構や粘土採掘坑などが検出された。墓坑は単独で一基だけが川べりからみつかったが、居住域となる住居跡群は発見されていない。

縄文時代の人びとはこの河原でどのような作業をしていたのだろうか。

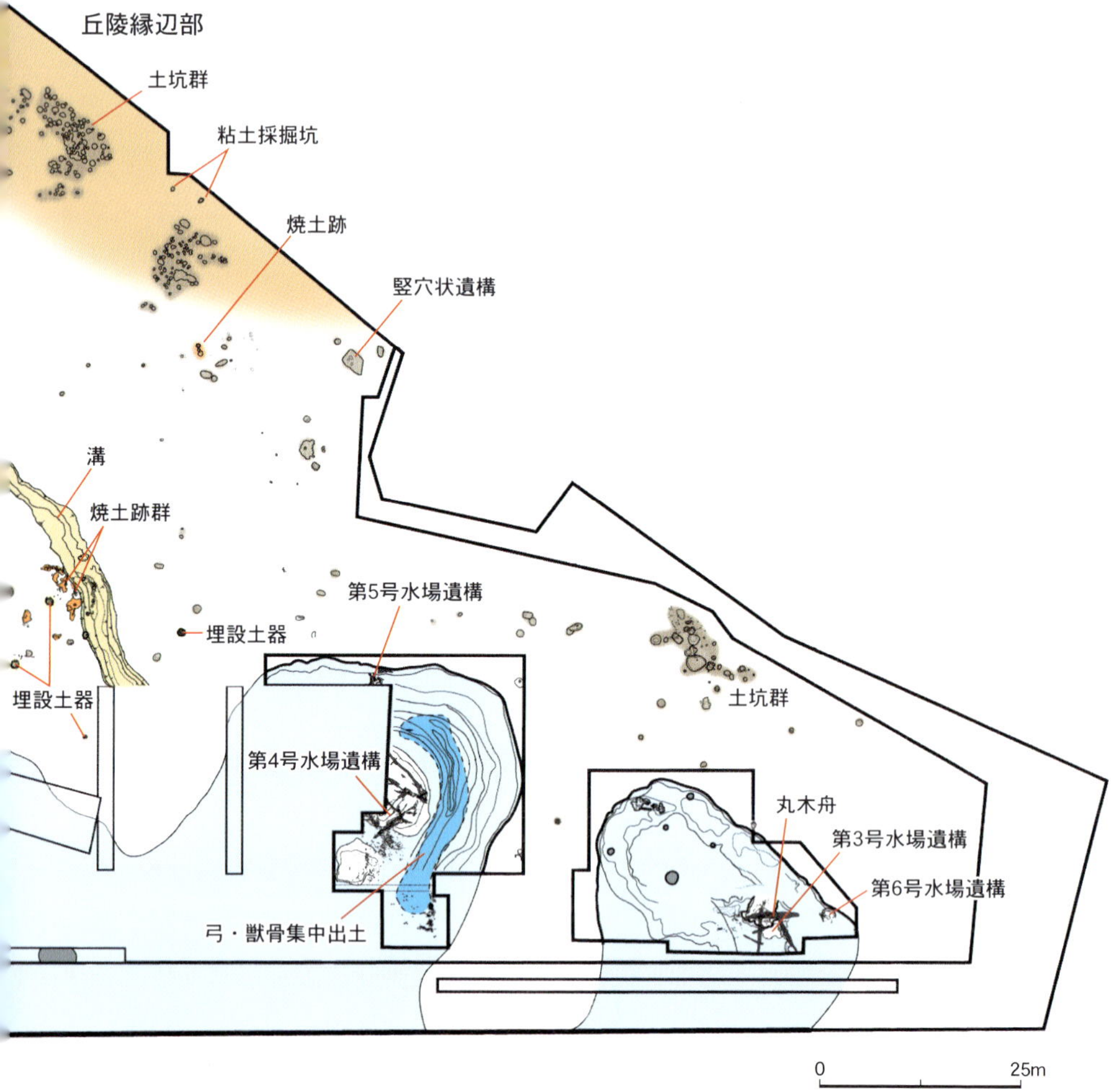
丘陵縁辺部
土坑群
粘土採掘坑
焼土跡
竪穴状遺構
溝
焼土跡群
埋設土器
第5号水場遺構
埋設土器
土坑群
第4号水場遺構
丸木舟
第3号水場遺構
第6号水場遺構
弓・獣骨集中出土
0
25m

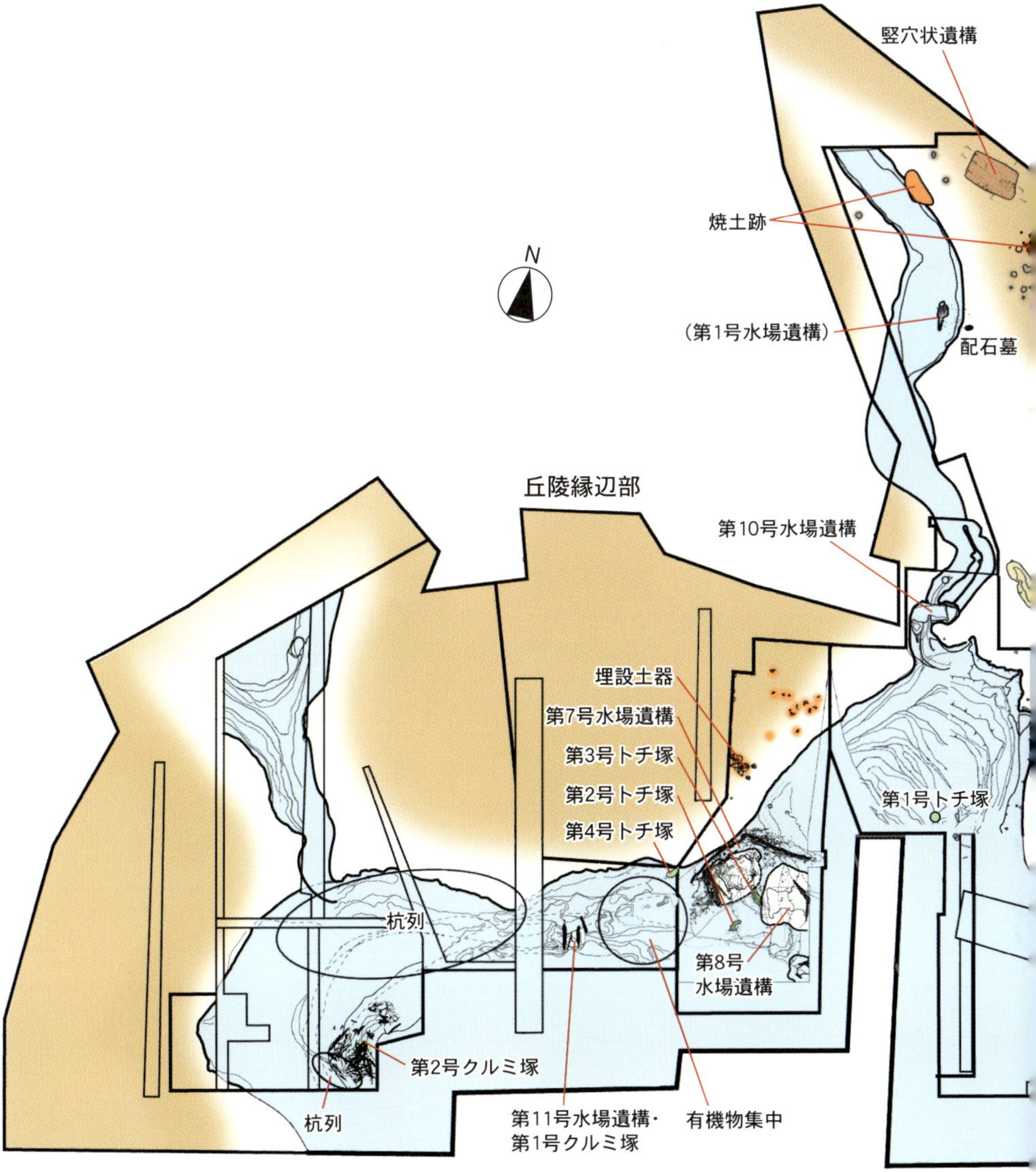

図６ ● **縄文時代の下宅部遺跡**
調査した範囲は東西約 230 m、南北約 120 m。河原だけではなく、岸辺から丘陵にかけても遺構が分布している。

2　適材適所——用材の妙

弓はイヌガヤ、杭はクリ

木材は木の種類により特性が異なっている。カシは堅い木として有名であるし、クリは丈夫で水に強く、かつては鉄道線路の枕木に使われていたことはよく知られている。こうした特性を縄文人もよく知っていて、用途によって木を使い分けていた。

出土した木材の種類を、現代の標本と比較して調べることを樹種同定《じゅしゅどうてい》という。調べたい資料から薄い切片を採取してプレパラートをつくり、顕微鏡下で細胞組織を比較して分析をおこなう。この樹種同定によって、出土した白木の丸木弓はすべてイヌガヤ（図23）であることがわかった。同定していないものも、見たところではほぼイヌガヤで間違いないと思われる。全国的にみても、弓材は東日本はイヌガヤ、西日本はイヌマキが多い傾向がある。

漆塗《うるしぬ》りの弓は、イヌガヤのほかにニシキギ属、カバノキ属、トネリコ属、ムラサキシキブ属が選択されている。イヌガヤは緻密で粘りのある材であり、現在は主に細工物の材料として使われている。ニシキギ属はマユミが含まれる属であり、マユミは真弓、正に弓をつくる材料にしたからこの名となった樹木である。カバノキ属にはミズメが含まれており、材質は堅く弾力がある。ミズメは別名をアズサ（梓）という。梓弓として古くから弓の材料とされていた。トネリコもスキー板や野球のバットの材料にされているから、弾力と粘りのある材といっていい。ムラサキシキブ属では、ムラサキシキブが鑿《のみ》の柄として使われているので、これも堅さと弾力をもつ木のようである。

トチノキは均質でやわらかく加工しやすいので、縄文時代では脚つき大皿や漆塗りの皿、古代では刳物《くりもの》の皿に使われている。現代でも板材や刳物に使われており、用途に共通点を見いだすことができる。

クリは耐久・耐湿性が高く、竪穴住居の柱材やウッドサークルなどに使われており、三内丸《さんないまる》山《やま》遺跡の大形建造物とされる六本の巨大な柱の根元が有名である。下宅部遺跡では川の流れのなかに設置した構造物や杭として多用されている。また、槽《そう》や舟形容器など、水を入れる用途が想定される容器にもクリが使われている。

杭として使われている樹種は多様だが、クリに次いで多いのが実はウルシである。ウルシも耐水性が高く、つい最近まで漁撈具の浮子《うき》、イカ釣りの疑似餌《ぎじえ》、肥桶《こえおけ》などに使われていた。

木材加工の伐採と切断

木材加工の最初の工程は、立木の伐採から始まる。立木を伐採する際、その木の周囲に障害物がなければ、木を一周するように全方向から均一に斧《おの》を入れ、最後に細く残った芯が自重で折れるか、または押し倒して完了となる。つまり、切断痕を観察したとき、同心円状に斧の刃跡がつき、中心の芯の部分だけが折れているのは、まず立木の伐採痕と考えられる（図7）。

切り倒した木は、用途に合わせてさらに切断される。この場合は、木を地面に横たえるか斜めに立て掛けて、上から斧を打ち込むので、一定の方向からの刃跡がつく。ある程度切り込みが深くなった段階で木を回転させて向きを変え、また上から斧を入れる。結果として、三〜四方向からの偏りのある刃跡がついた切断痕となる。もちろん、これらは典型例であって、その中間的な伐採痕や切断痕も存在する。

図8は直径約一二センチの杭の先端である。切断した部分をそのまま先端としており、シャープな刃跡が明瞭に残っている。下宅部遺跡から出土した磨製石斧《ませいせきふ》のなかから、この刃跡に合うものを探したところ、本当にこれで切ったのではないかと思えてくるくらいに一致した資料があった。刃幅約五センチの磨製石斧である。

石斧柄

磨製石斧は柄に装着してはじめて「斧」となる。**図9**に石斧柄の素材・未成品・完成品を並べてみた。「て」の字のような形をした膝柄《ひざえ》の

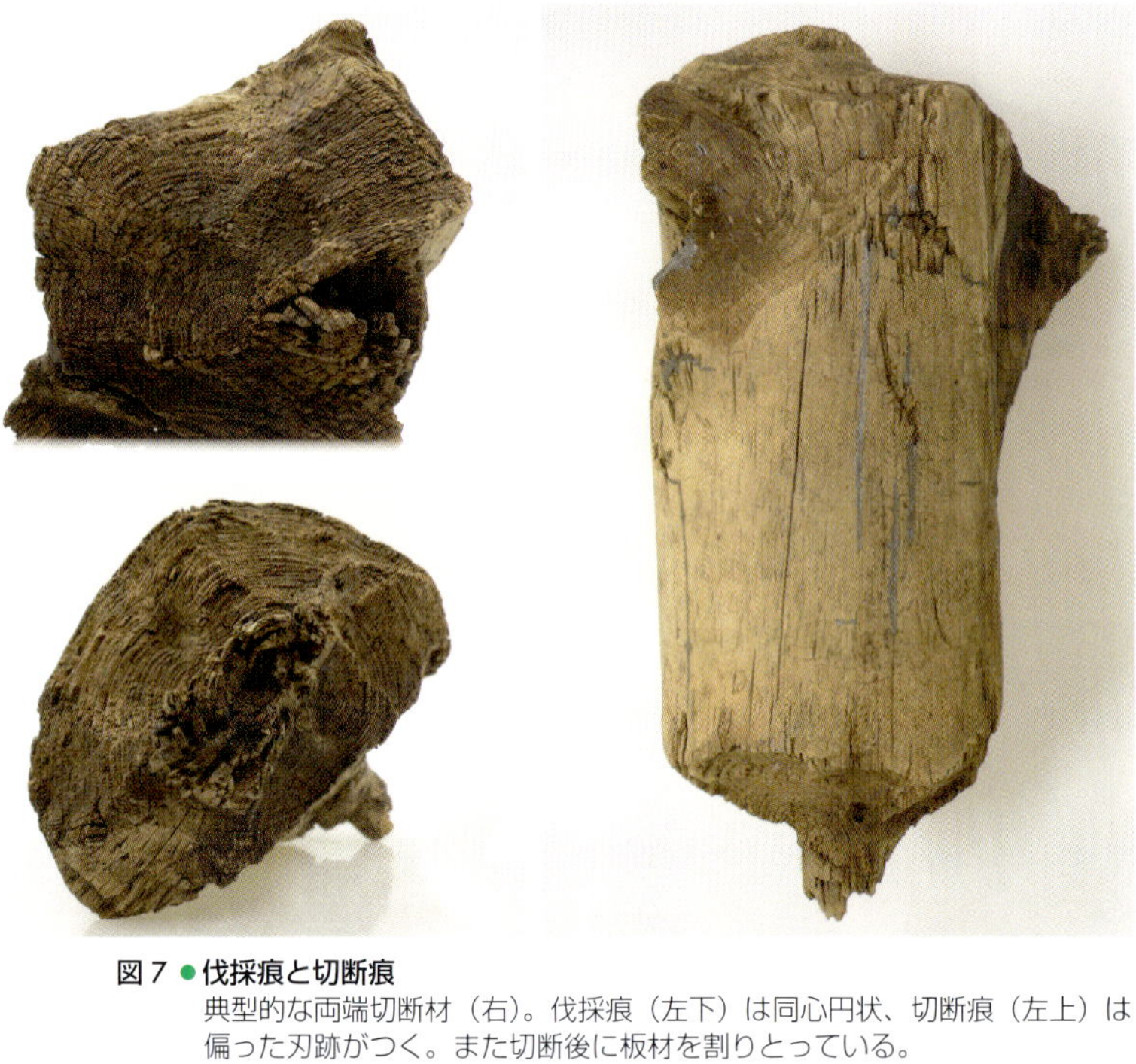

図７ ● 伐採痕と切断痕
典型的な両端切断材（右）。伐採痕（左下）は同心円状、切断痕（左上）は偏った刃跡がつく。また切断後に板材を割りとっている。

石斧柄は、幹から枝が生えた部分を利用してつくっている。素材としたのは、幹の梢側に切断痕が残るイヌガヤである（図９a）。三方向から斧を入れて切断しているのがわかる。根側は風化がはげしくて伐採痕は観察できない。柄として残した太い枝以外の細い枝はすでに払ってあり、本来ならばこの後に枝別れ部分で幹をさらに切断し、bやcのような未成品の状態にするのであるが、なぜか途中でやめてしまっている。あるいは鈍角に開いた、枝別れの角度が気に入らなかったのかもしれない。

石斧柄未成品はコナラとクリであり（図９b・c）、組み合わせ式石斧柄の完成品はカマツカである（図９d）。カマツカは「鎌柄」であり、材質が堅くて丈夫なため、鎌の柄として使われていたことからこの名がついた樹木である。ちなみに、古代の池状遺構から鎌柄が出土しているが、これはカマツカではなくカエデ属

図８ ● 磨製石斧と切断痕
杭の樹種はカヤ、磨製石斧の石材は蛇紋岩。木の太さの半分に達するまで同一方向から斧を入れて、切断しているのがよくわかる。

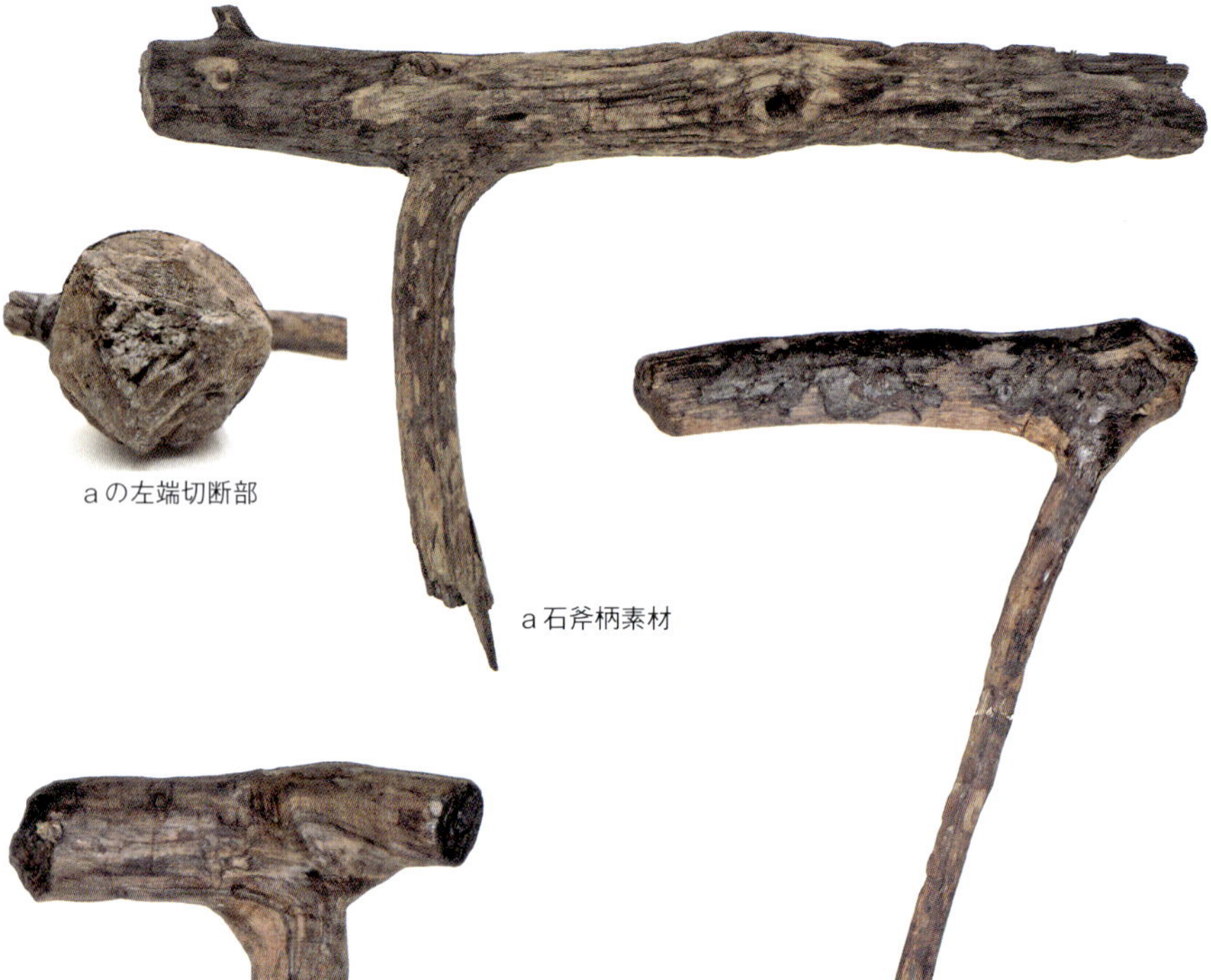

図 9 ● **磨製石斧の柄の素材**（a）、**未成品**（b・c）、**完成品**（d）
磨製石斧を装着する部分を「台部」といい、幹の部分でつくる。
未成品は台部の加工が完了していないものである。

でつくられていた。

両端切断材

切断痕をもつ木材のなかで、長さ約五〇センチ以下で両端に切断痕をもつものがある。その一端は伐採痕と考えられるものが多い。

こうした木材を、下宅部遺跡ではそのまま「両端切断材」とよんでいる。最大で長さ五二センチ、もっとも短いものは一五センチであり、総じて短い（図10）。素材として切りとったものか、部材の長さを調節するために切り落とした不要部分のどちらかと考えられる。一端が潰れているものがあり、そのまま道具として使われていたものもあるようだ。

樹種は、カヤ五点、イヌガヤ三点、イヌエンジュとヤマグワ各二点、クリとコナラ各一点である。これらの樹種の現代での用途を調べてみると、カヤ、イヌガヤ、イヌエンジュ、ヤマグワは、いずれも彫刻用もしくは細工用であるという共通点をもつ。下宅部遺跡の出土品のなかでも、装飾性の高い漆塗りの杓子《しゃくし》や匙《さじ》はイヌガヤでつくられており、彫刻や細工に適しているという木の特性に合致している。こうした木材の特性

図 10 ● **両端切断材**
伐採痕と切断痕をもつ両端切断材。容器などの木製品をつくるための素材として切りとられたと思われる。

から考えると、単に長さ調節のために切り落としたのではなく、素材として必要な長さに切り揃えたとみるべきであろう。

また、両端切断材は丸木が多いが、そこから厚さ二〜三センチの板目材を割りとった例がある（図11）。板目材そのものが二点、割りとられた丸木が二点あり、樹種はいずれもカヤである。

両端切断材を使った皿

また、容器未成品は三点あるが製作工程上、両端切断材を素材としている。板目材の中央部を削った皿の未成品がある（図12a）。樹種はクリだが、カヤの板目材も同様に皿などの素材である可能性がある。加工方法はノミのような工具で削るのではなく、刃部が鋭い剝片のような石器で角度を違えて交差するように無数のこまかな傷をつけ、ささくれ立ったところをこそげとる方法である。薄い小形の木製品のための加工方法であろう。

皿よりも深い鉢の場合、素材は丸木を半割した芯持ち半割材を使用しており、樹種はクリとヤマザクラがある。クリの未成品は内側を粗くえぐっただけで外面は丸木のままであり（図12

図 11 ●板目材を割りとった丸木と板目材
いずれも樹種はカヤ。接合しそうにみえるが、別々の個体である。

b）、両端の切断痕もそのまま残っている。ヤマザクラのほうは内外面ともに粗削りまで終了しており、磨製石斧の刃跡が明瞭に残っている（図12c）。片口舟形容器（図12d）や脚つき大皿などの製品には刃物の痕跡は観察できないので、このあとの仕上げの工程が想定でき、最後に表面の研磨がなされているようである。

堰状遺構

この章の初めに、クリ材は水に強いと書いた。その特性が端的にあらわれている遺構がある。第七号水場遺構として調査した木組み遺構である（図13）。川底に杭を打ち込み、水流をさえぎるように丸太を二段に重ねて堰《せき》状に組んだり、護岸をするように水の流れのなかに丸太を設置した遺構である（図14）。主要な丸太はすべてクリであり、杭も半数近くがクリである。また、用途は不明だが、深さ五〇センチほどの穴に設

a 皿未成品（クリ、40×30×15 cm）

b 鉢未成品（クリ、残存長軸約 52 cm、高さ約 18 cm）

c 鉢未成品（ヤマザクラ、19×10.5×4 cm）

d 片口舟形容器（クリ、口径約 48 cm）

図 12 ●切断材を使った容器

置されたタガ止めの「刳《く》り貫《ぬ》き材」もクリを使用している（図15）。

この水場遺構はさまざまな使われ方が予想されており、その一つに川漁がある。周辺から出土した多様なカゴ製品のなかに漁撈具である「ウケ（筌）」があった（図16）。ウケは筒状に編んだカゴの一端をすぼませ「尾部」とするが、その部分が残っていたのが証拠である。

丸木舟未成品

遺跡の東端から発見された第三号水場遺構。ここから丸木舟未成品と考えられる長さ六・六メートルの大形加工材が出土している（図17）。両端が舳先状に削り出されており（図18）、側面にも磨製石斧で削りだした刃跡が明瞭な稜線とともに残っていた。

樹種はケヤキ。樹皮に近い外側の木部、白身といわれる比較的やわらかい部分は残っておらず、赤身とよばれる堅い部分だけでつくられている。全体の

図 13 ● **第 7 号水場遺構**（堰状遺構）
クリ材が多用されていた木組み遺構。堰状の構造のほかにも護岸的な部分や杭列があり、継続的にさまざまな活用がなされていた。

図 14 ● 川底に杭を打ち、丸太を設置する（第 7 号水場遺構）
左：護岸状の構造。右：堰状の構造。

◀ **図 15 ● タガ止めの刳り貫き材**
直径約 50 ㎝、高さ約 50 ㎝のクリの刳り貫き材。全体の約 3 分の 2 が残る。タケ・ササ類のタガが上下二段にまわる。

▼ **図 16 ● ウケ**
川魚用の漁撈具。細長い筒状のカゴの一端がすぼまり、くくられた状態で出土した。

形状は舟形になっているが、肝心の人や物を乗せる部分はまだえぐりがされていないので、「一〇〇パーセント丸木舟である」とまでは言い切れないが、今のところ丸木舟とするのが、もっとも適切であろう。

民俗事例を参考にすると、丸木舟は原木を切り倒した場所でつくられることが多いようだ。山のなかに入り、丸木舟にする木を探す。木がいいだけではなく、切り倒した後の作業ができる場所でなければならない。適当なのがみつかると、切り倒して必要な長さに切断し、枝を払う。おおよその外形を削りだし、胴部をえぐって重量を軽くした未成品の段階で場所を移動させる場合と、完成させてから移動させる場合がある。雪国の場合は、冬に山で丸木舟の製作をおこない、完成した舟を雪の上を滑らせて里に下ろしたりする。

下宅部遺跡の場合、これをそのままあては

図 17 ●第 3 号水場遺構の丸木舟未成品の出土状況（北から）
長さ約 6.6 m。最大径約 0.8 m。中央の大形加工材が丸木舟未成品。
胴部は、まだえぐられていないが、舳先の形はできている。

めるわけにはいかないが、示唆的な点も多い。民俗例での製作には鉄の斧や手斧《ちょうな》、鑿《のみ》などが使われるので工程が早く、木材の乾燥が進んでも作業に支障はない。しかし、縄文時代では磨製石斧を使っての製作なので工程に時間がかかり、乾燥が進むと木材は堅くなるので水で濡らしながら削らなければならず、水辺に移動させる必要があったのであろう。

丸木舟未成品のとり上げをおこなったときのクレーンにかかった負荷は約一・六トンであった。実際の重さもかなりの重量物であることは間違いないため、第三号水場遺構は原木の切り出し場所からはそう離れたところではないだろうと推測できる。

下宅部遺跡を流れる川は浅く、川幅も数メートルの規模であり、大形の丸木舟を使うのに適した場所とはいえない。この丸木舟は、おそらくもう少し下流の水深のあるあたりか、沼地などでの使用が想定される。下れば海まで行くことも可能であるが、具体的な用途は明らかではない。

第三号水場遺構からは、脚つきの大皿や漆塗り杓子などの製品、容器未成品、切断材などの有用材、高床建物の柱などの部材など、さまざまな木製品が多数出土している。この水場は、縄文時代後期の一時期（堀之内2式から加曽

図18 ● 丸木舟の舳先
刃幅8cm近い大形の磨製石斧で削りだした稜線がはっきりと残っている。

利B1式）の間にさまざまな使われ方をしたと考えられるが、その最終段階で丸木舟を製作しようとしていてなにかアクシデントがおこった。その結果、水場自体が廃絶する事態に至ったのである。洪水が、もっともありそうなアクシデントだが、おそらく洪水はめずらしいことではなく何度も経験していたであろうから、多大な労力をかけて製作していた丸木舟を、その途中で断念するほどの事態にまで至ったとは思われない。単純な洪水とかではないだろう。想像をたくましくすれば、その場所を再び使ってはならないという禁忌をともなう穢《けが》れのようなこと、たとえば死者が出たようなことだったのかもしれない。

3　水辺の食料加工作業

食料としての植物

縄文人の主食がドングリなどの木の実（堅果類）であったことは、今や常識となっている。ほかにも山菜や根茎類、果実など、さまざまな植物を食べていたであろうが、そのほとんどは遺跡からは出土しない。低湿地遺跡とはいえ限界はある。

遺跡からみつかる食べ物の証拠の一つは、焦げて炭化した食料そのものである。土器の内側に厚くついたお焦げのなかに元の形が残っていることがある。

また、水場遺構にともなってみつかることが多い「トチ塚」などは、木の実を処理したときに捨てる大量の不要部分の集積であり、これも証拠の一つである。

クルミ塚

クルミ塚（図19）とは、クルミの殻を割って可食部分をとり出し、不要となった殻を捨てたのが集積したものである。縄文時代後・晩期を主体とする下宅部遺跡にあって、めずらしく縄文時代中期の人びとの営みを垣間見せてくれる遺構である。

二カ所のクルミ塚から、あわせて約三万点以上がみつかっている。その内、九六パーセント以上が人為的に破砕されている。両側からきれいに穴があいているのはネズミなどが食べたものである。真っ二つになっているのは、発芽して割れたものである（図20）。

木に実ったクルミの実には、表面に肉質の果皮がある。実を収穫した後、土に埋めるなどして果皮を腐らせ、中の堅果

図19 ● 第2号クルミ塚
約5400～4500年前の縄文時代中期（勝坂式から加曽利E式）の遺構。2万点以上のクルミの殻が集積している。

をとり出す。腐った果皮を洗い流すのには大量の水が必要であり、河原で作業がおこなわれていたのだろう。洗ったクルミを割って可食部分をとり出すのも一連の作業としておこなわれ、その結果として川辺にクルミ塚が形成された。

クリ

クリは堅果類のなかで、もっとも手間をかけずに食べることができる。アク抜きが必要ないのはクルミも同様だが、クリは可食部分をとり出すのに、イガに刺されないように気をつけるだけですむ。そのうえ、実が大きく甘みも強い。下宅部遺跡からも破片数百点がまとまって出土している。幅三～四センチの大粒のものも多く含まれていた。クリの木は川辺にはあまり生育しないので、自然落下によるものではなく、人がもち込んだものである。しかし、川辺で大量に処理作業をする必要がないので、「クリ塚」となるほどの量ではない。

クリは木材としても利用価値・頻度が高く、下宅部遺跡でも大量に使われている。日当たりのいい集落の近くで管理栽培され、実も主要な食料として食べられていたと思われる。

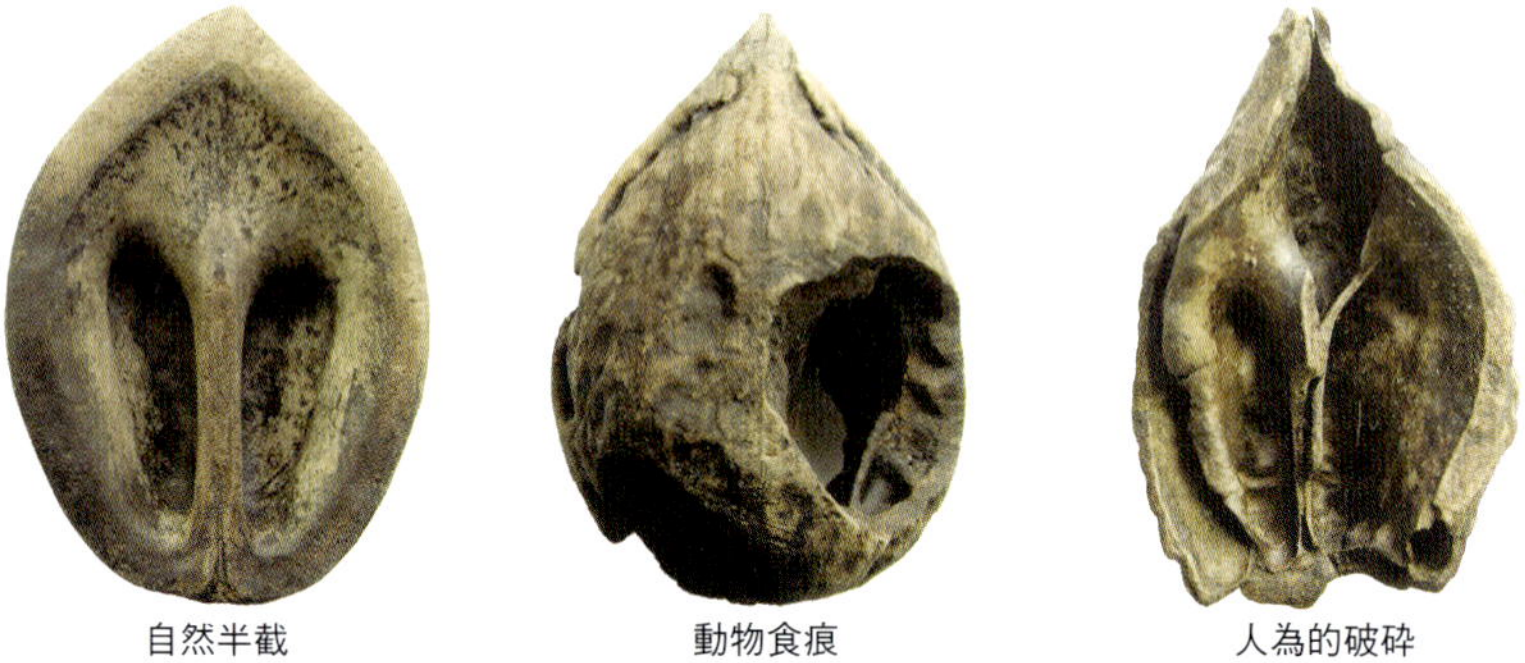

図 20 ● クルミの割れ方
人為的破砕は、ほとんどが尖った頂部や反対側の底部が砕けており、立てて割っていたことがわかる。

トチ塚

トチの実は、幅三センチ前後と大粒で食べごたえがありそうだが、渋もすごい。水晒しだけでは食べられない。灰と混ぜて煮るアルカリ処理が必要である。

トチ塚（図21）はトチの実の皮、種皮の破片だけが大量に集積した遺構である。自然落下の

図21 ● 第１号トチ塚
トチの実のアクは、水溶性のタンニンと非水溶性のサポニンを含むので、水晒しと灰あわせ（アルカリ処理）が必要となる。

図22 ● カゴに入っていたドングリ
アカガシとツクバネガシの実。下宅部遺跡からは約50点のカゴ類が出土したが、内容物が残っていたのはこれだけである。

場合は、果実全体の部位が混ざる。種皮だけであることが、縄文人がトチの実の皮をむいて食べていたことの証拠となる。

トチ塚は、おおよそ縄文時代後期に入るとあらわれてくる。トチの実の大量処理が始まったことを示しており、この頃にアク抜きの技術が一段階レベルアップしたということなのだろう。下宅部遺跡では五基のトチ塚が発見されている。

ドングリ

ドングリはブナ科植物の実の総称である。下宅部遺跡からはクヌギ・ミズナラ・コナラ・ナラガシワ・アカガシ・ツクバネガシの実が出土している。

これらも破砕されていたり、集中地点があるなど、人の手が加わった様子が認められる。とくに、約七〇〇点以上のアカガシやツクバネガシの実がカゴに入った状態でみつかったのは(図22)、ドングリを食料として採集していた具体的な姿といえる。しかし、せっかく集めたのに、水晒しの途中で埋まってしまったとすると、悔しい思いをした縄文人がいたことになる。

4　丘陵から消えた植物

イヌガヤとカヤ

イヌガヤ(図23)は弓や杓子などの木製品の材料として多用され、自然木(流木)としても

図 23 ●**熊野神社のイヌガヤ**（東村山市）
樹高約 5 m。幹周り約 0.6 m。境内の富士塚の中腹にある。
ほかには庭木として植えられていることがある。

図 24 ●**梅岩寺のカヤ**（東村山市）
樹高約 30 m。幹周り約 6 m。東京都指定文化財。ケヤキの
大木とともに、山門をくぐった両側にそびえ立つ。

遺跡から多くみつかっており、縄文時代の狭山丘陵の植生の一部を担っていた。しかし今、丘陵のなかにイヌガヤはない。狭山丘陵のなかをイヌガヤを求めて歩き回ったが、みつかったのは一本の幼木だけであった。周りには成木がなく鳥が運んだのだろうか。

植物に名前がつけられるとき、人にとって有用性の高い植物から名前がつく。そして、そうした植物に似ていながら有用性の低い植物には「イヌ」の文字が加えられる。「イヌ」は動物の「犬」ではなく「否《いな》」であるらしい。イヌガヤは「カヤにあらず」という名前である。

カヤ（図24）は長命で大樹となる。寺社の境内に好んで植えられ、信仰の対象となっているものも多い。木材としても緻密で重厚、耐久性・芳香性があり、樹脂を多く含むので使い込むにつれて艶がよくなり風合いが増す。碁盤《ごばん》としての用途がもっとも有名である。それにくらべて見た目はよく似ているのに使い物にならないということで「イヌガヤ」ということか。

人にとって有用性の低い樹木は、里山などの人の手入れが行き届くところでは淘汰されてしまう。しかし、縄文時代のイヌガヤは、おそらく「弓の木」といったような意味の名前で大切にされていたと考えられる。

ウルシ

現在の狭山丘陵にウルシは存在しない。記録をさかのぼってもウルシの木を栽培し、漆を生産していた様子はない。

ウルシの種子は蠟《ろう》を多く含んだ堅い果肉におおわれており（図25）、かつてはこの果肉を絞って和ろうそくが各地でつくられていた。しかし、この堅い蠟でおおわれているために、ウルシの種子は自然状態ではほとんど発芽しないという。一六九七年（元禄一〇）刊行の『農業全書』（宮崎安貞《みやざきやすさだ》著）では、ウルシを発芽させる方法が二通り記述されており、いずれも秋に採取したウルシの種実を冬の間水漬け状態にしている。

また、一九二五年（大正一四）刊行の『大植物圖鑑《だいしょくぶつずかん》』（村越《むらこし》三千男《みちお》編著）では、蠟を含んだ果肉を砕いて種子だけをとり出し、さらにアルカリ性の強い炭酸ナトリウムで洗浄するとある。

現在でも、水に何日間もひたしたり、希硫酸《きりゅうさん》などの薬品を使って処理をしてから発芽させている。こうして苗をつくり、植えていかないとウルシの木は生育しない。そのため、かつては全国各地にあった漆畑も、後継者がいなくなると荒れ果て、生えている木の寿命が尽きると、順次ウルシの木は姿を消していく。現在、ウルシの木が山中などで散見されるのは、かつての漆畑の名残なのである。

しかし、下宅部遺跡で出土した漆塗り製品や、漆容器に残された漆、またウルシの杭が多用されていることなどからみると、間違いなく縄文時代には狭山丘陵にウルシの木が繁茂していたとしか考えられない。では、縄文の人びとはウルシを栽培していたのだろうか。

図25 ●ウルシの実
蠟を多く含んだ実をつぶすと種子が顔を出す。縄文人はどうやってウルシの木を管理していたのだろうか。

第3章　漆の里

1　縄文時代の「漆掻き」

ウルシ材の奇妙な傷

さまざまな遺構・遺物があるなかで、下宅部遺跡を特徴づけるものに「漆」がある。漆は仕上がりの美しさばかりではなく、耐水性や不朽性の面からもすぐれた塗料であることはよく知られており、日本を代表する伝統工芸技術である。

発掘調査が終了してから約一年がたった二〇〇四年四月、かねてより下宅部遺跡出土の木材の樹種同定を依頼していた、森林総合研究所（茨城県つくば市）の能城修一《のしろしゅういち》氏を招いて、二年ほど前に出土していた杭の観察をおこなっていた。十数本の観察がすんだあたりで、特定の樹種に限って奇妙な傷（図26）がついていることに気づき、その場にいた面々は皆「ひょっとして」と、顔を見合わせた。その特定の樹種というのが「ウルシ」であったからである。縄文

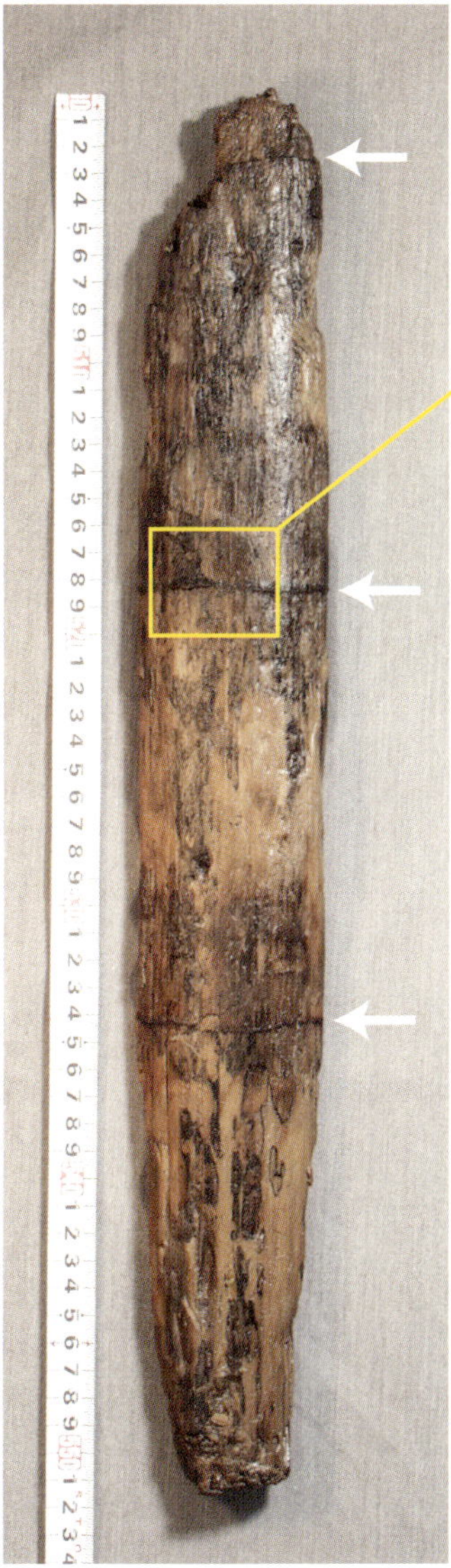

傷の拡大

244 号杭

20 号杭

299 号杭▶

図 26 ● ウルシ樹液を採取した傷の痕跡がある杭
全部で 43 本の杭に傷がついていることが確認された。太さはまちまちで、直径 2 〜 10 ㎝程度である。

時代の「漆掻《うるしか》き」の痕跡が、日本ではじめて確認された瞬間であった。

すぐに、樹種同定結果が「ウルシ」と出ていた資料を抜き出し、傷があるかどうかの確認をおこなった。傷がミミズ腫れ状になった明瞭な痕跡をもつものや、細い黒い筋がかすかに残るだけのものなど、傷の残り方の程度には差があるが、「傷があるはずだ」と思って観察すると、それまで気づかなかった部分的なかすかな傷までみつけることができた。最終的に七〇本のウルシの杭のうち四三本に傷の痕跡が残っていることがわかった。逆に、ウルシ以外の樹種の杭にはこうした傷が認められず、ウルシのみに傷をつけていることから、その目的がウルシ樹液の採取である蓋然性が非常に高いことが予想された。

その後、これらのなかから状態のよい何本かを、国立歴史民俗博物館の永嶋正春《ながしままさはる》氏のもとにもち込み、マイクロ・スコープでの傷の観察と写真撮影をお願いした。図26はそのときのものである。

また、傷の周りの硬質の物質を赤外分光分析にかけたところ、現在の漆の基準データ（岩手県浄法寺《じょうぼうじ》産）とほぼ一致した。

華開く漆文化

縄文時代、すでに完成度の高い漆工技術が確立していたことは、各地での発掘事例から広く知られるところである。とくに赤色の漆を塗った櫛などの装身具やさまざまな容器といったものは、新聞やテレビの報道に接したり、各種展覧会で実物を目にしたりする機会も多い。

現在世界最古の漆製品とされている北海道函館市垣《かき》ノ島《しま》B遺跡の資料は、縄文時代早期（約九〇〇〇年前）のものであり、漆利用の始まりはさらにさかのぼることが予想されている。また、「赤色漆塗り櫛」の出土で世を驚かし「縄文のタイムカプセル」といわれた福井県若狭市鳥浜《とりはま》貝塚（縄文時代前期、約五五〇〇年前）や彩漆《さいしつ》土器で有名な山形県高畠町押出《おんだし》遺跡（縄文時代前期、約五〇〇〇年前）のように、縄文時代早・前期の頃には日本列島の各地で工芸的にもすぐれた漆文化の華が開いていた。ただし、漆塗り製品の出土点数の増加が顕著になるのは、低地利用が盛んになる縄文時代後期（約四〇〇〇年前）以降であり、漆製品が残存しやすい低湿地遺跡の調査例の増加に比例しているということができる。下宅部遺跡もそうした遺跡のうちの一つである。

こうした漆製品を生み出すためには、一連の製作工程が存在していなければならない。その最初の工程となるのが「ウルシ樹液の採取」である。伝統工芸の漆工ではこれを「漆掻き」という。漆を手に入れるためには、山に入ってウルシの樹液を採取しなければならないのは自明の理であるが、それを直接証明する資料は、これまで発見されていなかったのである。

しかし、下宅部遺跡から発見されたウルシ樹液の採取痕跡を残す木材は、山のなかで立木のままみつかったわけではない。山のなかに放置されたものであれば、バクテリアなどに分解されて跡形もなくなってしまう。縄文時代の木材が、数千年の時を超えて現代にやってくるには、低湿地で水漬けの状態が保たれていなければならない。ウルシの木は、樹液を採取した後に杭として再利用され、川底に打ち込まれた状態で眠っていた。

ウルシ樹液の採取方法

現代の漆掻きでは、専用の刃物（ウルシカンナ）でウルシの木に何本もの傷をつけ、専用のヘラで樹液を集める（図27）。縄文時代におこなわれていた採取方法も、道具や手法は別として、ウルシの木に傷をつけ、そこから分泌される樹液を採取する点においては違いがない。

ウルシの樹液が流れている管を漆液溝という。管は樹皮の内樹皮の部分に通っているため、樹液を採取するためには内樹皮に達する傷をつければ十分であり、それ以上の深い傷は必要ない（図28）。逆に、材部に深い傷をつけてしまうと木が弱り、樹液の出が悪くなるという。材部に達するか達しないかのギリギリの加減が漆掻き職人に求められる技術である。

そうした点から出土した杭の傷を観察してみると、まさに樹皮と材部の境目を狙ったかのような深さの傷であった。縄文人が、ウルシの樹液の出

図 27 ● **現代の漆掻き**（岩手県二戸市浄法寺）
国産漆生産量日本一を誇る浄法寺の漆掻き。手入れのいきとどいた漆畑。

る仕組みをよく知っていたことのあらわれといえるだろう。実際には樹皮がほとんど残っていないため、材部だけの観察になるが、どの傷も材部にわずかに達している程度であり、部分的・断続的な傷が多い。ミミズ腫れ状の傷も、内樹皮の一部が樹液で固まり盛り上がって見えるのであって、材部に深く切れ込んでいるわけではない。

ウルシの杭は、もっとも長いもので約七〇センチ。傷をもつものに限ると、約一〇〜五〇センチにおさまる。ただし、この長さは川底の粘土層に打ち込まれて残存していた部分の長さであり、杭の上端はすべて欠損しているため、実際に杭として使われていた長さではない。

これらに、水平方向の傷もしくは傷の痕跡がそれぞれ一〜三本認められた。傷の間隔は七・五〜一九・五センチとある程度のばらつきはあるが、極端に近接した例はなく、ほぼ等間隔に傷をつけている。材部に達せず、確認できない傷があったとしても、現在の漆掻きにみるような、密接した傷のつけ方はしていないようである。

傷が二〜三本認められる資料が一三点あるのに対し、長い杭でも一本しか傷のないもの

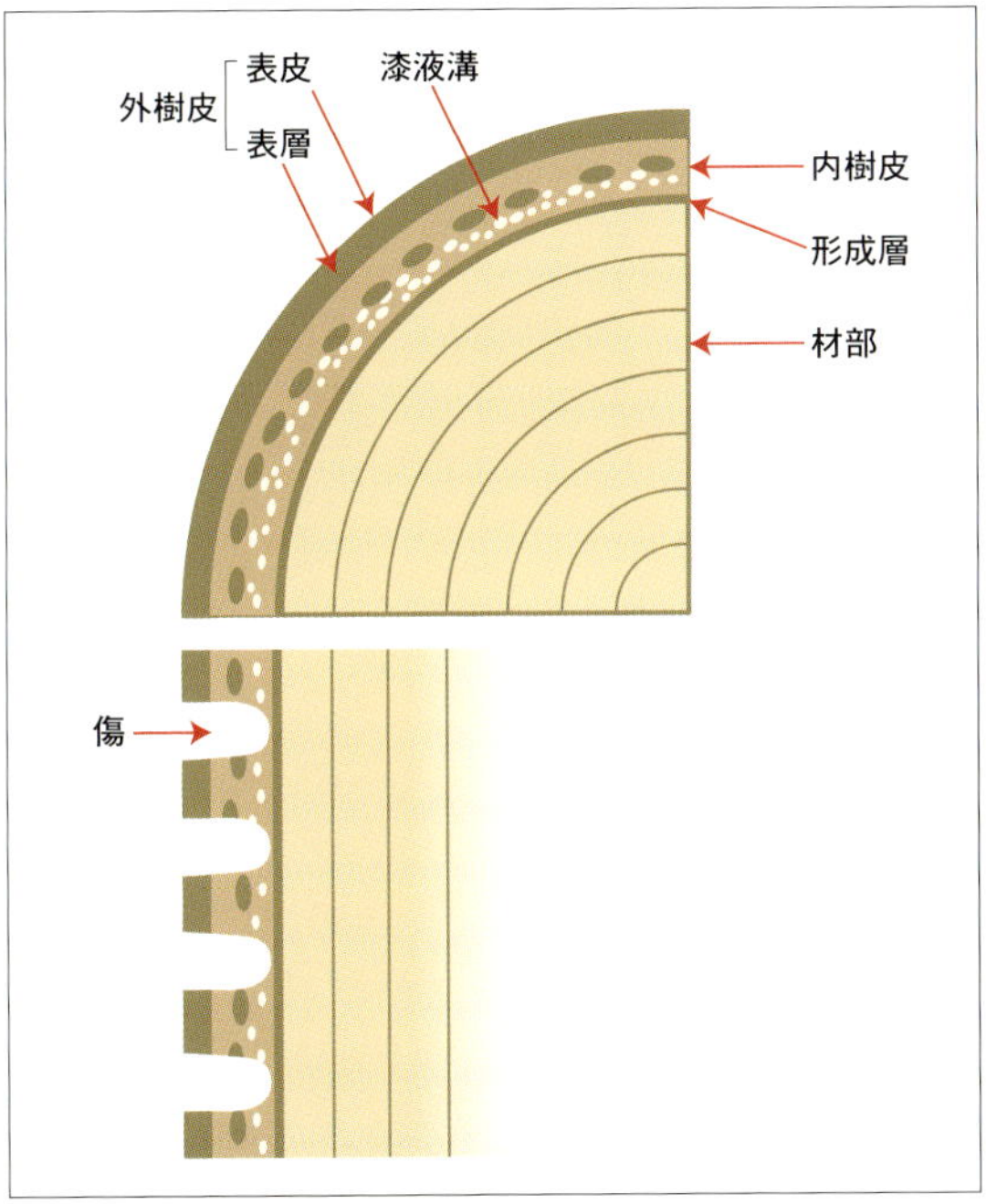

図28 ● ウルシの木の断面と漆掻きの傷
ウルシの木の樹液は内樹皮に通る漆液溝を流れている。
ここに傷をつけ、漆掻きをおこなう。

や、傷が部分的にしか残っていない資料がある。この点からも、すべての傷が確認できているのではなく、比較的深く傷がつけられて材部に達したものだけが現状で確認できているといえる。そうした条件を考えると、七〇点中四三点に傷がついていたことは、非常に高い出現率である。傷が確認できていない杭からも、樹液の採取をおこなっていた可能性は十分に考えられる。

古代以降のウルシ樹液採取

下宅部遺跡の古代の池状遺構にもウルシ材の杭が使われている（図29右）が、樹液採取の傷はみつかっていない。ただし、周辺から須恵器の漆パレットが出土している（図29左）。また、遺跡全体では漆付着土器や漆補修の甕の破片などが出土しており、古代においても漆工がおこなわれていたことがうかがえる。とくにウルシ材の存在は漆畑を背景としており、記録に残らない（貢納の対象とならない）ものの、小規模ながら漆生産がおこなわれていたようであ

図 29 ● 古代の池状遺構から出土したウルシ材の杭（右）と須恵器の漆パレット（左）
右：a は直径 7.5 cm、長さ 82.5 cm。b は直径 6.3 cm、長さ 111.5 cm。
左：池状遺構の東側遺物集中区出土。8 世紀中葉。

る。

ほかの遺跡の例では、埼玉県吉見《よしみ》町の西吉見条里遺跡で、古代のウルシ樹液採取の傷をもつ杭が道路遺構から発見されている（図30a）。この道路は湿地帯を通っているため、杭を打ち込んで基礎を固めたのである。直径が四・五〜六・七センチ、傷の幅は五〜八ミリ、深さ一ミリ。一〇〜一三センチ間隔。傷は幅が広く、断面形は丸みがあり、現代のウルシカンナの刃の形状に近い工具を

aの拡大部分

a 埼玉県吉見町西吉見条里遺跡

b 富山県小矢部市桜町遺跡

図30 ● **古代・近世の漆樹液採取の傷をもつ杭**
漆樹液採取の傷をもつ杭が日本で最初に発見されたのは、石川県かほく市指江B遺跡である。その後、桜町遺跡、下宅部遺跡、西吉見条里遺跡とつづく。

使っていたようである。

石川県かほく市指江《さしえ》B遺跡からも、古代のウルシ樹液採取の傷をもつウルシ材が、やはり杭に転用されている資料が出土している。最大径二・七センチ、傷の幅は二〜三ミリであり、密な間隔で刻まれている。指江B遺跡からは漆桶・漆紙・漆パレット・漆器などが出土しており、漆器の生産工房が存在した可能性が指摘されている。

また、富山県小矢部《おやべ》市の桜町《さくらまち》遺跡からは近世初頭の資料が出土している（図30b）。指江B遺跡と同様に、傷の幅は二〜三ミリであり、密な間隔で刻まれている。杭の直径は約四センチ。北陸地方に共通する技術的な系譜であろうか。

「養生掻き」と「殺し掻き」

「漆掻き」には「養生掻き」と「殺し掻き」の二つの方法がある。

近世の漆掻きを紹介した例に、一七五四年（宝暦四）刊行の『日本山海名物図会《にほんさんかいめいぶつずえ》』（平瀬徹斎《ひらせてっさい》著）「漆製法」があるが、桜町遺跡の近世の出土資料とは様子が異なっている（図31）。太い木に短い傷を、間隔をあけてつけており、中央手前の若木にはまだ傷はない。また、ウルシの木に傷をつけるのに使用している工具は、通常の草刈り鎌に近い形状をしている。詞書《ことばがき》に吉野や熊野の名産とあるので、紀伊半島あたりの様子と思われるが、最後に「うるしの木の実は取りて蠟にする也」とあるので、養生掻きの様子が描かれていることがわかる。どこまで忠実に描かれているかの検討は必要だが、近代以前の漆掻きの様子として紹介される資料である。

養生掻きは、木が弱らない程度に樹液の採取をおこない、数年に一度の割合で同じ木から採取をつづける方法である。漆掻きと併行してウルシの実を収穫して蠟をとるためにおこなわれていた。前章で述べたように、蠟は和ろうそくの原料となった。

明治時代以降、和ろうそくがつくられなくなると、漆の掻き方も殺し掻きが主流となっていく。殺し掻きは、樹齢一〇～二〇年ほど、直径二〇センチ前後に生育したウルシの木から、一年で樹液を採取できるだけ採取しつくし、最後には切り倒してしまう方法である。切り株からは翌年新しい芽が出て萌芽更新がくり返される。成木の根をもつ新芽は成長が早いため、漆生産に特化したもっともシステム化した方法である。

現在では基本的に殺し掻きがおこなわれている。ただし、殺し掻きの場合でも、樹液を採取している間は、なるべく樹勢を弱めないように

図 31 ●『日本山海名物図会』の「漆製法」
著者の平瀬徹斎は大坂の町人で物産の学にくわしい人物であり、近畿地方の記載の信憑性は高いとされている。

傷をつけていく。幹を全周する傷は最終段階でおこなわれ、止め掻きといわれる。

下宅部遺跡の漆掻き

下宅部遺跡のウルシの杭に付いていた傷は、基本的に全周している。これが幹に対してつけられた傷ならば、止め掻きに近い方法がとられていたことになる。

出土したウルシ材の杭を、傷をもたないものも含め、最外年輪の分析から伐採時期を検討したところ、五七点について伐採した季節を特定することができた。内訳は、早春一、春七、晩春三、春〜夏一、晩春〜夏五、夏九、夏〜秋九、秋一五、秋〜冬七となる。まとめると春から夏が一七点、夏から秋が三三点、秋から冬が七点である。

現在のウルシ掻きでは、初夏の頃から傷をつけはじめ、秋までウルシを採取しつづける。そして、その年の漆掻きのシーズンの終わりに掻き殺して伐採してしまうため、伐採時期はすべて秋となる。出土資料は、秋を待たずに伐採がおこなわれているものも多く、「殺し掻き」とは別の要因によるものと考えられる。

漆の用途には塗料と接着剤がある。塗料として使用する場合は、ある程度まとまった量を必要とする。そのため、樹液の分泌が活発な盛夏の頃を中心として、使用時期を計画的に設定していたことが想定される。逆に、接着剤の場合は少量でまかなうことができるが、季節に関係なく突発的に必要が生じる。ウルシ樹液の採取が可能なシーズンを通して、常に樹液の採取と伐採がおこなわれていたのは、土器の補修などに使用する接着剤としての需要があったことが考えられる。

管理栽培の可能性

こうしたウルシ樹液の採取が、下宅部遺跡で長期間にわたってつづけられていたことが、ウルシの杭の年代測定から明らかになっている。一〇点の資料について測定をおこなったところ、約四二〇〇〜三九〇〇年前（堀之内式期）に六点、約三八〇〇〜三六〇〇年前（加曽利Ｂ式期）に四点が該当し、それぞれの型式のなかでもさらに時間差が存在した。植物学的見地からは、自生がむずかしい樹木であるというウルシが、これだけ長期間利用しつづけられているということは、常に縄文人の働きかけがあり、管理下におかれていたといえるであろう。

また、一本のウルシの木から採取できるウルシ樹液の量はわずかでしかない。現在の漆掻きでは、樹齢一〇年ほどのウルシの木から、一年で約二〇〇グラムの樹液を採取するとのことである。この数字はもっともシステム化された採取方法によるもので、採取量の最大値といえる。このことから縄文時代当時の採取量を類推することはむずかしいが、おそらくは微々たる量であろうと推測される。必要量を確保するためには、現在と同様に一度に多数の木を対象としていたものと考えられる。

下宅部遺跡で使用されていた多量の漆を確保するには、相当数のウルシの木が必要であり、このことからもウルシが管理栽培されていたことが想定される。

2　漆工作業の道具

樹液を集める

今の漆搔き職人は、ホウノキの樹皮などで容器（カキタル）を自作し、山にもって入って搔き採ったウルシの樹液をこれに集めていく。もち帰った樹液を樽に移し替え、樽が一杯になると出荷する。この状態の漆のことを「荒味漆《あらみうるし》」という。

縄文時代にも樹液の採取に際しては、なんらかの容器を携行していたはずである。土器、もしくは樹皮製や木製の容器が想定できる。図32はそうしたウルシ樹液の採取用の容器、もしくはもち帰った樹液を集めて一時保管するための容器であると考えられる。その理由は、土器のなかに厚く残存していた漆のなかに、長さ一センチ前後の草の茎のような夾雑物《きょうざつぶつ》（不純物）が多数含まれているのが肉眼でも確認できたからである（図32f）。このような夾雑物は、ウルシ樹液の採取活動の際に混入するものであり、樹液の採取から間もない段階で使用されていた容器であると考えられる。現状では底部だけが残存しているが、割れ口に漆の付着がないので、使用時は完形であった可能性もある。また、外面に漆汚れによる明瞭な指紋が付着している。左手を土器の底にあててもったときについた指紋である（図32c）。

また、図33の漆にも夾雑物が含まれている。頸部にくびれをもつ小型の深鉢である。割れた破片が内容物である漆によってずれた状態で固着している。漆が入ったまま割れ、厚く付着した漆が固化するまで放置されたあと、廃棄されている。

a 容器の外面

b 容器の内面

c 外面についた指紋

d 漆の断面

e 拡大した漆

f 漆に含まれる夾雑物

図32 ● **漆の容器と中に入っている漆**
漆容器に多量の漆が残って固まっている資料があるのは、なぜだろうか。
貴重な漆をうっかり放置してしまったのだろうか。

漆の精製加工

現在の漆工行程では、樽に集めた「荒味漆」を精製業者が買いとり、濾過《ろか》・攪拌《かくはん》して均質化し、さらに加熱して水分を飛ばし、精製漆に加工する。均質化することをナヤシといい、水分を飛ばすことをクロメという。

下宅部遺跡では出土していないが、縄文時代でも漆濾《こ》し布を使い、濾過をおこなっている。クロメに相当する加工をおこなっていたかについては、実際に漆を扱い研究されている何人かの方から、深い黒味や艶の感じ、赤色の発色のよさから、「やっていてもおかしくはない」という感想をいただいた。火に掛けなくても、日向《ひなた》でゆっくりと漆を攪拌することで水分を飛ばすことができるとあれば、夏の日の縄文集落の風景に描き加えてもいいのではなかろうか。

赤色の漆

縄文時代、黒色の漆は基本的に精製した漆をそのま

図 33 ●漆が入ったまま割れた深鉢
誤って落として割ったのなら、ほかの容器に移せばよい。
残っている量が多すぎるような気がする。

ま塗布する。塗膜は肉眼では黒色だが、顕微鏡下では元々の漆の色である飴《あめ》色をしている。

これに対し、赤色の漆は赤色顔料を混和して発色させている。顔料の種類はベンガラと水銀朱。これらを緻密な石材の磨石《すりいし》と石皿《いしざら》を使って微細な粉末にする。

図34の磨石の石質はホルンフェルス、付着しているのは水銀朱である。表面は本当にツルツルで、食物加工に使われた閃緑岩《せんりょくがん》系のザラザラした磨石とは、まったく異なっている。集落遺跡を調査したときにもこうした緻密な磨石が出土したことがあり、顔料が失われているのでその用途に首をかしげたこともあったが、鉱物用の磨石ということがわかり、合点がいった。

赤色顔料はおそらく貴重なものだったと思われる。とくに水銀朱は、水銀鉱床にともなって産出する鉱物であるため産地が限定されており、ベンガラと比較すると希少価値が高い。通常は水銀朱のほうが使用する量は少ないという

図 34 ● 土器（上）と磨石（下）に付着した水銀朱
上：小さいほうは赤色漆、大きいほうは赤色顔料が付着している。
下：顔料粉砕に使われた石器。石皿にも顔料の付着が認められる。

イメージがあるのだが、下宅部遺跡の場合、土器に塗布された赤色顔料の分析をおこなったところ、およそ五対三くらいの割合で水銀朱のほうが多く使われていた。ただし、残念ながらその産地については不明である。

作業の痕跡をとどめる容器

漆の精製・調整に使用した漆液容器は、ほとんどが土器の底部を再利用している。また、そのままその容器から塗布作業をおこなう例が多くみられる。

図35は、作業中の時間の経過を示す痕跡が残っている漆液容器である。内面全面に漆が付着し、土器の割れ口にも付着が顕著であり、塗布用の工具を整えたような汚れ方をしている。そして、漆の皮膜を剝がしたような痕跡が、上下二カ所に存在している。

漆は空気中の水分と反応して凝固し、皮膜を形成する。漆液容器に漆が多量に残り、それが放置された場合、漆液の表面に皮膜ができることは十分に想定される現象である。そして、つぎにその漆を使用するときには、その皮膜を破り、剝がしてから作業にとりかかることになり、器壁にはその痕跡が残される。この資料は、漆工作業のなかにそうした工程が存在したことを示している。しかも二カ所の痕跡があるということは、少なくとも三回の作業と二回の中断が存在したことの証拠と考えることができる。

容器に漆が残ったとき、最近ではラップも使われているが、古代以降現代まで紙を蓋にしている。紙に漆が染《し》み込んで固化し、空気を遮断することで漆を保管することができる。古代ではその紙が漆紙文書《うるしがみもんじょ》として出土し、暦や戸籍などの新発見となることがある。図36は岩手県二戸市浄法寺の漆液容器の民俗資料「ウルシゴキ」である。内面にミミズ腫れ状の筋がみえるが、これが蓋紙を剥がした痕跡である。縄文時代に漆に蓋をしたかどうかは、そうした蓋の出土例がないので不明である。

使った漆の量は？

さて、漆液容器に水を入れて皮膜痕跡までの容量を計ってみると、下部の痕跡までは約二〇ミリリットル、上部の痕跡までは約六〇ミリリットルであった。全体の容積は約一一〇ミリ

図 35 ● 作業の痕跡
漆皮膜の痕跡が上下２カ所にあり、作業途中に２回の中断があったことがわかる。

図 36 ● 浄法寺の「ウルシゴキ」
国指定重要文化財。木製。座りを安定させるために、下部の台を大きくつくっている。

リットルであるが、こぼさないための余裕をみれば、容器に入っていた漆は約一〇〇ミリリットルといったところか。それぞれの差を一回の使用量と考えると、一回目と二回目は約四〇ミリリットル、三回目は約二〇ミリリットルということになる。

もう一点、漆の使用量が推定できる資料がある。図37上は、器壁に満遍なく漆が付着している部分と、器壁や破断面での塗布用の工具を整えるような動作によると思われる部分的な付着があり、パレットとして使

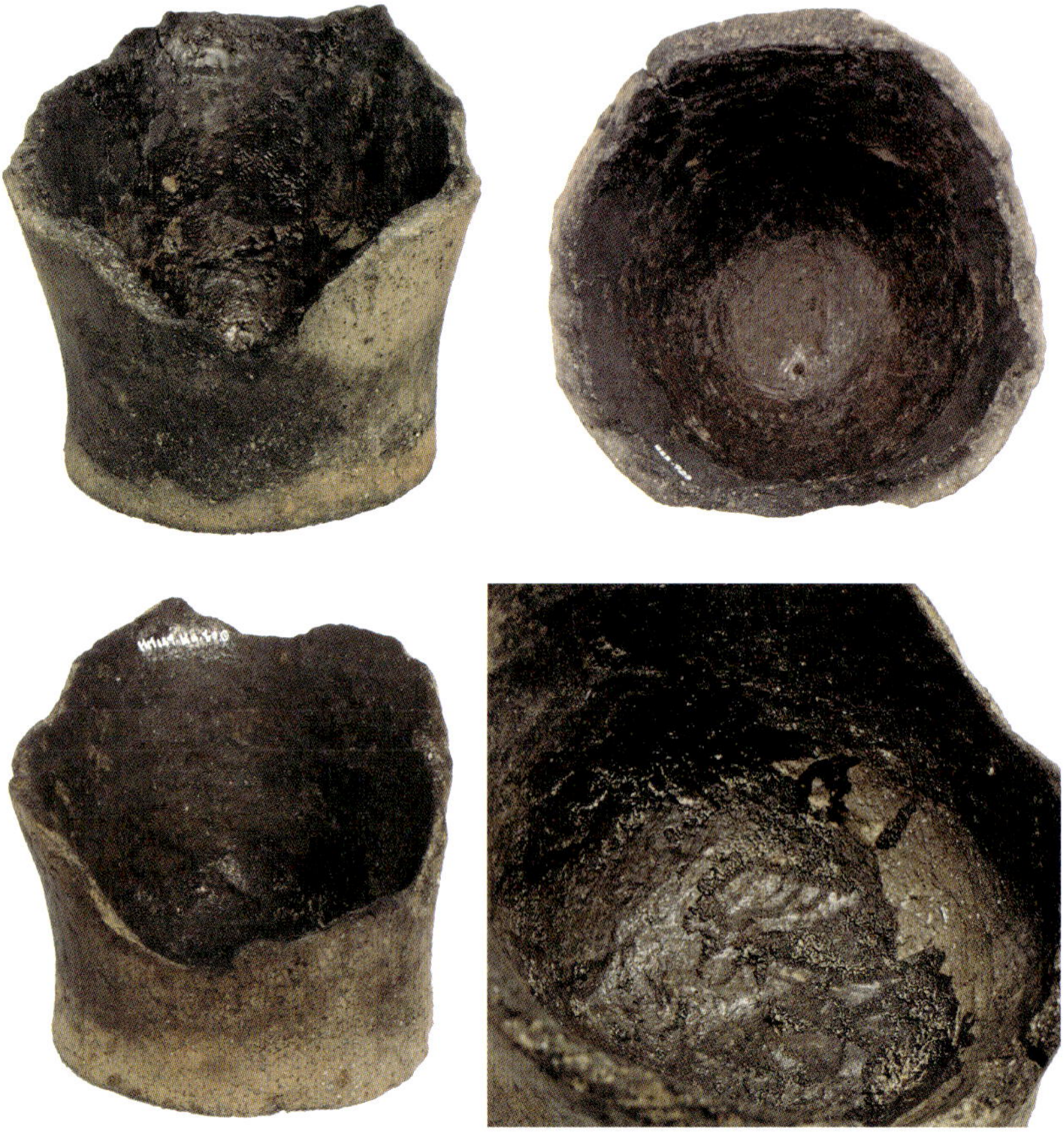

図 37 ● パレットとして使われた漆容器
上：約 40ml の漆をとり分けた漆液容器。
下：少量の漆をとり分けた漆液容器。

用された痕跡が残る。満遍なく付着していた範囲が入っていた漆の量に近い値を示していると考えると、その量は約四〇ミリリットルであった。図36の資料で想定した量と同じ数値であり、一回の使用量の目安として考えてみたい。

逆に、ほんの少量をとり分けて使用することもある。図37下は容積約五五ミリリットルの漆液容器であるが、漆の付着状況からとり分けた量を計ってみると、わずか五～六ミリリットルにすぎない。この量が必要量であるとすれば、使用目的は塗布ではなく、漆を接着剤として使ったときのものであろうか。

また、淡水産のドブガイを赤色漆のパレットとして使用している（図38）。この資料は、貝の表面の薄い皮膜が漆に保護されることで、ようやく形状をとどめている。皮膜は貝の内側と外側の二枚があり、間の貝殻の本体は溶けて厚みはなくなっている。

はじめは盃のような用途を想定した。しかし、よく観察してみると、貝の内面と外面とで漆が付着している部位が異なっていた。内面は全体の約三分の二の範囲に面的に漆が付着しているのに対し、外面は貝殻の縁に沿って、不規

図38 ● パレットとして使われた漆容器
赤色漆のパレットとして使われたドブガイ（淡水生）。
残存部の大きさは、横約８cm、縦約９cmである。

則な帯状に付着している。ちょうど絵の具のパレットの縁で筆をしごいたときにできる汚れのように。つまり、外面の付着は意図的に塗布したものではなく、作業中にできた汚れであり、内面も全面にきれいに塗布したのではなく、パレットとして使用した範囲のみに漆が付着していたのであった。

塗りの作業

漆塗り土器には、赤色のものと黒色のものがある。器種では注口土器や鉢形土器が目につく。下地に黒色漆を塗り、その上から全面を赤色漆で塗り重ねるものや、沈線・列点部分を塗り残すもの、赤色漆のペイントだけで文様を表現しているものなど、さまざまな技法を使っている（図39）。

ただし、これらの塗布をおこなう際に使用した工具は発見されていない。漆液容器に残された痕跡などから、筆状のものがあったことは推定できる。また、土器の器面に刷毛のような工具の痕跡が確認で

図39 ● さまざまな技法を使って漆を塗った土器
注口土器の多くには漆塗りが施される。この3点は赤色漆だが、黒色漆で美しく仕上げる例も多々ある。

きる資料もいくつかみつかっている。

図40は丸底の浅鉢をパレットとして使用した資料だが、幅約一五ミリの工具痕が明瞭に残っている。また、図41上には黒色漆を塗った土器の表面に、指紋が横に流れたような痕跡があり、指で塗った可能性が考えられる。図41下の写真は、実験的に合成漆で指塗りをしたものである。指紋独特の丸みをもった集合沈線があらわれた。こうした指の跡は、図35の漆液容器にもついており、最後まできれいに漆を指ですくいとったときについたものであろう。

図 40 ● 工具痕の残っている漆容器
刷毛のような幅広の工具痕が明瞭に残っている。

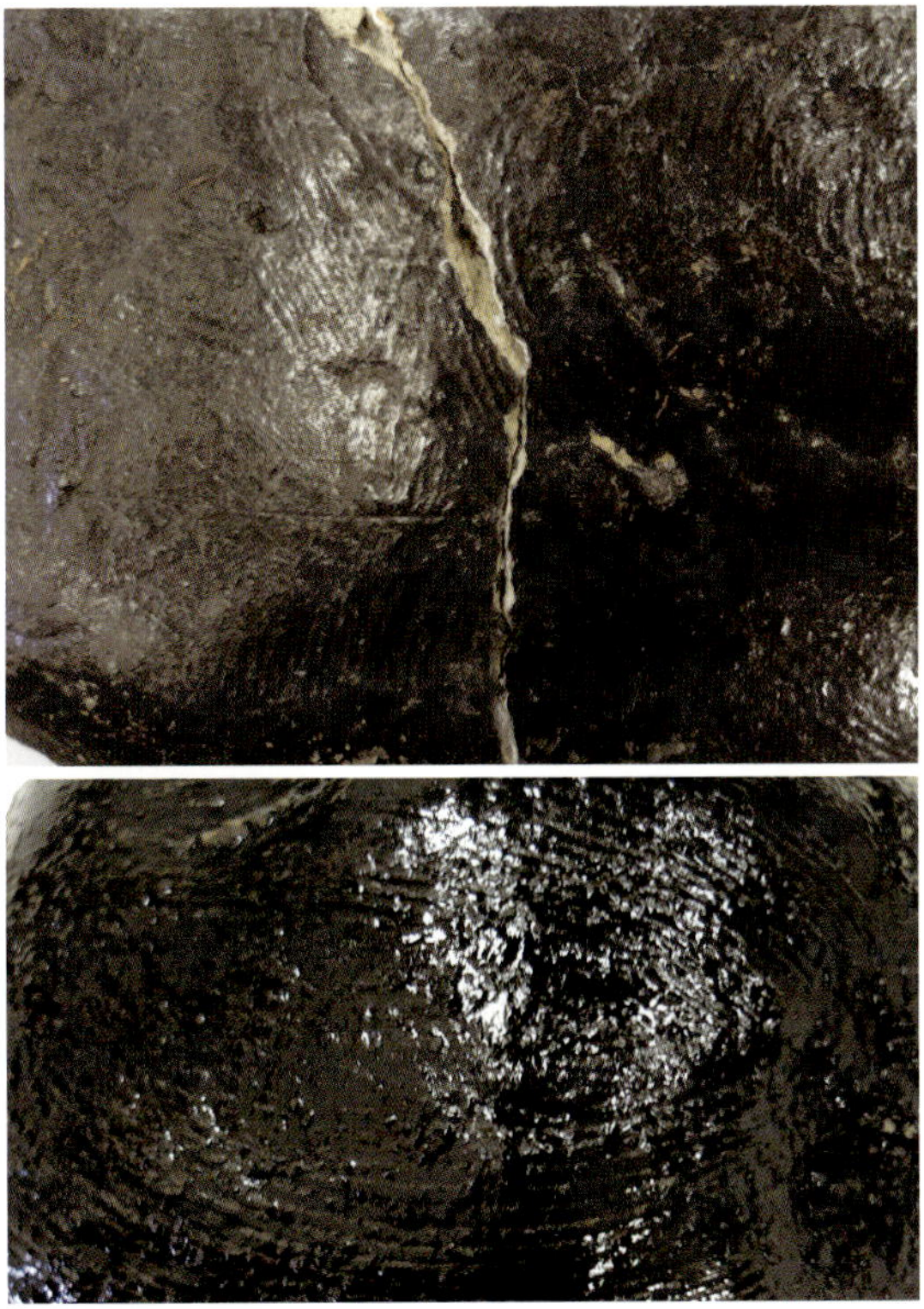

図 41 ● 指の痕跡
上：指塗りによるものかと思われる痕跡。
下：合成漆を指で塗る実験をしてできた痕跡。

漆塗り木製品

漆塗り木製品もさまざまなものがあるが、代表的な資料を紹介する。図42は漆塗りの杓子の柄部である。残念ながら水をすくう器部分は失われているが、太いイヌガヤの幹から削りだしており、なめらかな曲面と鋭い稜線をもった工芸的にもすぐれた作品である。スペード型の造形は、石棒と同様に男性性器をモチーフとしているのだろう。また、図43bの匙もイヌガヤでつくられている。

かんざしは、全長約一〇センチ。一種類の赤色漆を使い分けている（図43a）。中央の面的な塗りはややオレンジ色がかったサラッとした漆であり、両側の線描きの文様は粘りの強い漆で描かれている。写真でも漆が盛り上がっているのが分かる。

樹皮製の筒型容器の破片（図43d）は、全面に黒色漆を塗った上から赤色漆を重ね塗りし、塗り残すことによって文様としている。

編み布を漆で固めた製品は、外面に編み目の凹凸が出ているが、内面はなめらかな状態であり、制作技法については検討中である（図43c）。

（裏）　（表）

図42 ● 漆塗りの杓子柄（右）とその出土状況（左）
優美な曲線とシャープな稜線で削りだされた造形的にもすぐれた資料。
男性性器をモチーフとしており、呪術性がうかがわれる。

a漆塗りかんざし

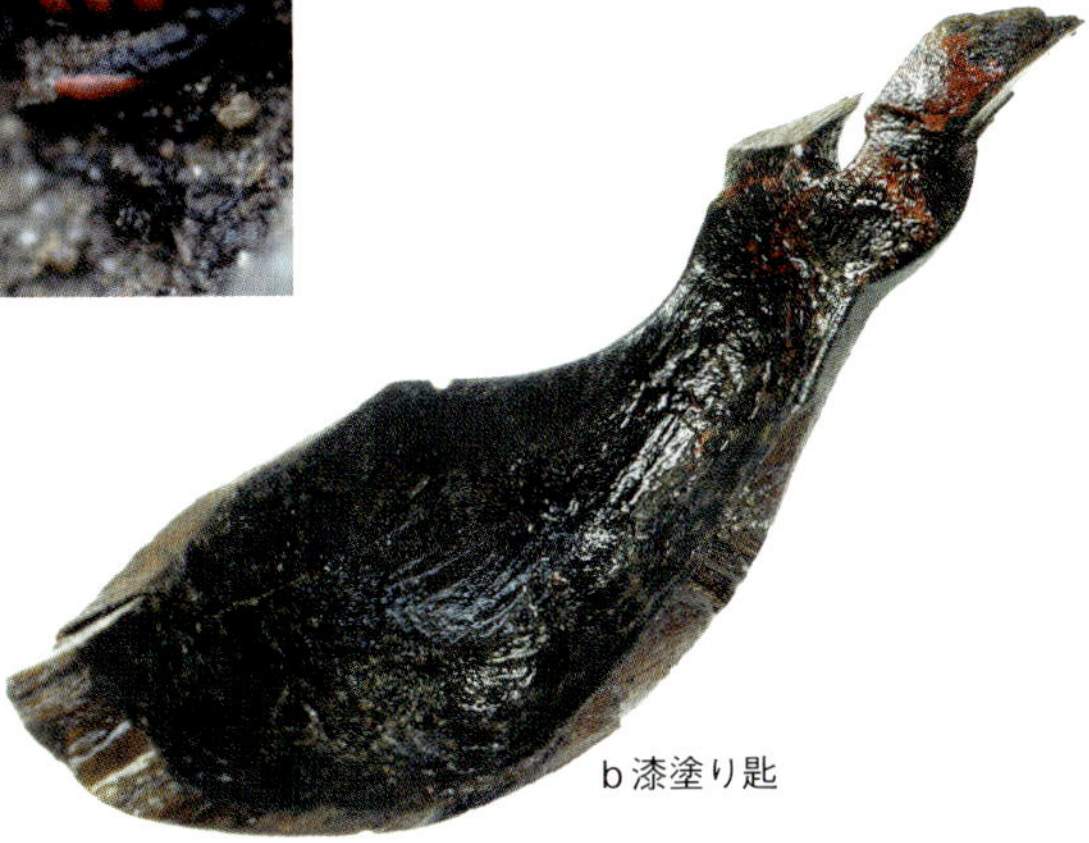

b漆塗り匙

c漆塗り編み布

d漆塗り樹皮製筒型容器

図43 ● さまざまな漆塗り製品

3　もう一つの漆の顔

接着剤としての漆

漆には、塗料としての用途のほかに、接着剤・補修材としての用途がある。一度固化すると、どんな溶剤にも溶けることはない。土器の欠損には、破損、ひび割れ、剝落などがある。粉々になってしまっては補修もできないが、縄文時代においても、漆やアスファルトを接着剤として補修をおこなっていることが知られている。下宅部遺跡では漆が利用されており、アスファルトの例は確認できていない。

漆による補修の痕跡を残す資料は全部で三八例が確認されている。補修の仕方は、ひびを外面から塗り込めるもの、割れ口を接着するものがあり、それぞれ補修孔との組み合わせがある。また、漆に土や砂を混ぜ、補塡材とした例もある。

注口土器の補修

漆を使用した補修のうち二三例が注口土器であり、六割を占める。図44aは注口部ととっ手が片方欠落しているものの、この形のまま出土した注口土器である。洗浄中に漆汚れのある部分から割れ、ばらばらになってしまった。その断面を観察すると、外側の器面のみに漆が塗られており、断面の内側にはわずかしか入り込んでいない。とくに外傷もないので、焼成時に輪積みの接合部からひびが入ったため、そこに外側から漆を塗り込めることによって補修をした

a 注口土器

b 注口先端部の接着

c 注口部の接着と
砂混じり漆による
接着部の塗りつぶし

d 注口土器突起の接着

図 44 ● **補修された注口土器**

注口土器は補修される確率がもっとも高い。とくに注口部が根本から
とれてしまった場合の補修が数多く認められる。

ものと思われる。

注口土器の補修のなかでいちばん多いのは、一五例を数える注口部の補修である。胴部をつくったあとに注口部を貼りつけるという構造上、注口部は付け根から脱落しやすい。現在の接着剤と同じように、その断面に漆を塗って貼りつけている。さらに外側から漆を塗り込め、コーティングしている。図44cはコーティングする際に、漆に砂を混ぜたものを使用している。また欠けた先端部を接合した図44b、口縁部につく突起を接合した図44dのような補修例もある。

接合するだけではなく、補塡

a 底部剝落部分の補塡

b 注口土器の剝落部分への補塡

図 45 ● **補塡材として使われている漆**
漆だけでは厚みをもたせることができないので、漆に土などを混ぜて補塡材としている。

剤としての使い方もある。図45aは注口土器の底部であるが、剥落部を最大で約六ミリの厚さで補填している。おそらく漆に土を混ぜたものを使用している。図45bは完形で出土した注口土器だが、器面に直径約一五ミリの剥落がある。貫通はしていないが漆で補填していた。機能的には必要がない補修であり、見栄えのためにおこなわれたものと思われる。

補修孔との組み合わせ

土器の補修の方法としては、補修孔によるものを目にする機会が多い。下宅部遺跡では、

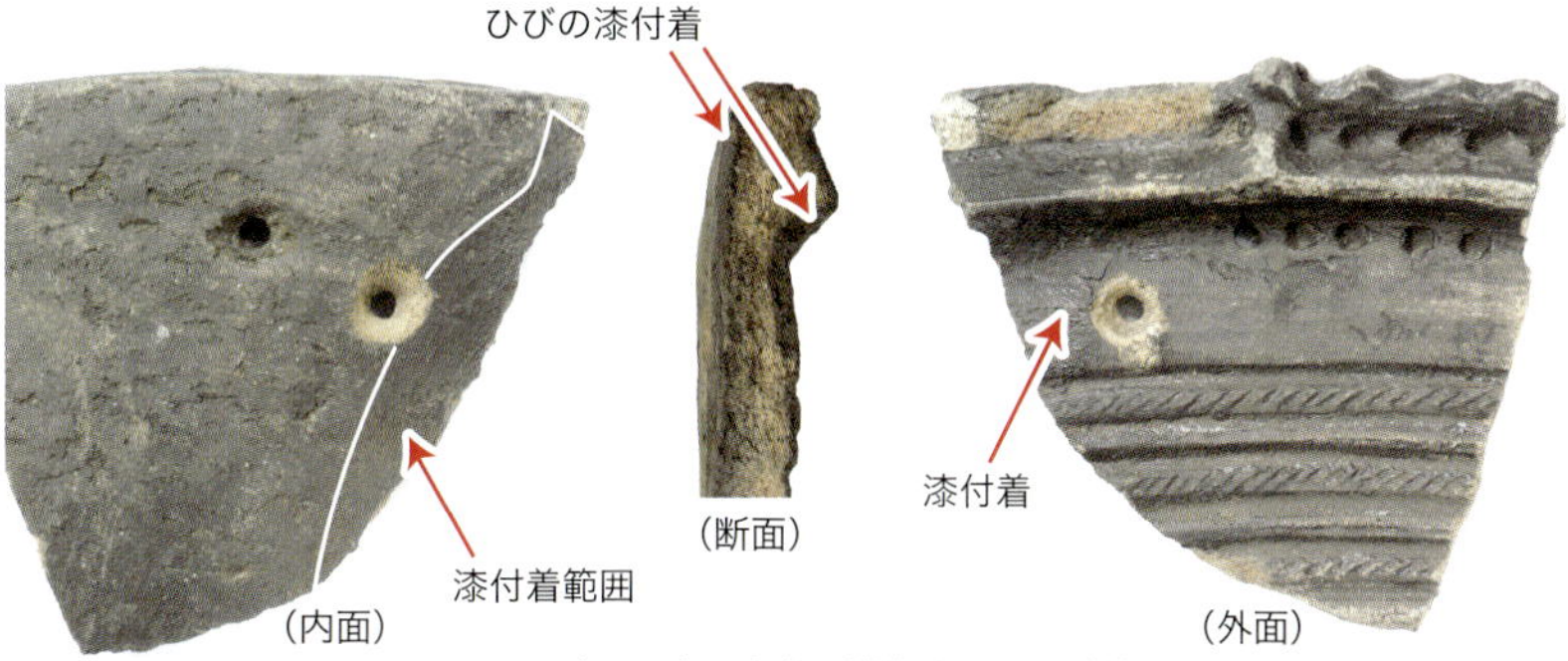

a ひびへの漆の充填と補修孔による補修

b 漆による接着と補修孔による緊縛

図46 ● 漆と補修孔による補修
漆の接着力と、補修孔と紐による緊縛を併用して補修をおこなっている。
補修孔と紐は漆で塗り込められることが多い。

補修孔と漆を組み合わせて補修しているものがいくつかある。図46aはひびの補修であり、漆を塗り込んだ後に補修孔をあけ、紐で縛ったようである。

図46bは、割れた断面に漆を塗り、接合している。補修孔は縛った紐といっしょに漆で塗り込められており、穴は完全に埋まっていた。この資料は補修後にまた同じところで割れているのだが、接合したところではなく、そのすぐ脇で割れている。漆で接着したところのほうが強くなってしまったのである。

また、補修孔のみのものが五二例出土しており、九割が深鉢であった。このなかには、漆の痕跡がなくなってしまったものもあるだろうが、もともと補修孔をあけ、紐で縛っただけで補修しているのが明らかなものもある。

図47は、補修孔をもつほぼ完形の土器である。口縁部は全周しており、補修孔が一対だけ穿たれている。河道部から出土しており、漆が使用されていれば痕跡が残るはずだが、その様子はないので、この土器は補修孔と紐だけで補修された土器といえる。また、土器が割れてしまった場合は、二カ所以上の補修孔が必要となるので、一対しかないということは、この補修

図47 ●補修孔のある土器
補修孔をもつほぼ完形の土器。補修孔がひびの拡大を防ぐための手段であることを示唆している。

がひびの状態でなされたことを示している。

補修される土器とされない土器

下宅部遺跡からは数万点にのぼる土器片が出土したが、漆や補修孔で補修されている土器は全部で九〇例にとどまる。補修されている土器のほうが圧倒的に少ないわけだが、補修される土器とされない土器の違いはどこにあるのだろうか。

漆を使った補修の場合、六割が注口土器の補修であった。注口土器の個体数は、ほかの深鉢や浅鉢とくらべると著しく少ない。注口土器が特殊な土器だから補修されたのであろうか。ところが逆に、補修孔と紐のみによる補修は約九割が深鉢の補修であった。図47のような粗製土器も多く、特殊な土器とはいえない。

注口土器は注口部をもつ器形から、液体を注ぐ土器であると考えられている。また、ススや炭化物の付着などの二次的な被熱の痕跡はなく、漆が塗布されていることが多いなど、液体を扱うとしても火に掛ける道具ではない。漆は接着力が強く、固化すると耐水性にも優れており、注口部を接着し、割れ口やひびを塗りつぶすことにより液体漏れを防止する。しかし、漆は唯一火に弱いという欠点をもつため、火にかけないことが漆による補修の条件となる。

ところが、煮炊きの道具である深鉢の場合についても、漆による補修が施されている。ただしそれはすべて口縁部であった。火の影響を直接には受けない部位であるから可能なのである。

一方、補修孔と紐のみの補修は、主に深鉢のひび割れが拡大するのを防ぐためだったと考えられる。おそらく、深鉢の場合は胴下半まで達するような欠損は補修が不可能であり、あきらめて廃棄するしかなかったのであろう。

このように、補修される土器とされない土器の違いは土器そのものにあるのではなく、土器の用途、破損状況、補修技術の三者の関係のなかで、補修できるものについては可能な限り補修しようとしていたと考えられる。

4 漆塗りの弓と狩猟儀礼

飾り弓の出土

下宅部遺跡が全国的な注目を集めるようになったきっかけは、やはり漆塗り飾り弓の出土であった（図48）。

最初の飾り弓は七号弓。幅約三センチ、長さ約五〇センチの漆の皮膜だけが出土した。赤色漆を全体に塗り、黒色漆で螺旋《らせん》のような文様を描いているが詳細はよくわからない。形状を残してとり上げられたのも約二〇センチたらずであった。発掘調査の宿命なのだが、遺物が顔を出すまで、何がどこに埋まっているのかは知りようがない。今踏んでいる足の下一センチのところに埋まっているかもしれないのである。加えて、七号弓が埋まっていたのはこまかい砂層だったため、踏まれた影響をもろにうけ、大部分がバラバラになってしまっていた。それでも残った部分を観察すると、皮膜が二重になっており、弓の断面形の下側の曲線も残っている。

18 号弓の中央部分

図 48 ●**漆塗りの弓**（漆塗り丸木弓）
下宅部遺跡を象徴する資料である。巻き付けの技法の組み合わせを違える
ことによって、顔つきの異なる仕上がりとなっている。

どうやら、埋没後に徐々に木の部分が溶け、上半分の皮膜が土圧で下半分の皮膜に密着した状態であることがわかった。つづいて九号、一〇号、一三号と飾り弓が出土した。九号弓は最大径三・二センチで、下宅部遺跡出土の弓のなかでは、後述する第二〇号とともにもっとも太い。間隔を開けて二段に撚《よ》りをかけた紐を巻きつけている。巻きつけは一カ所に三～四単位でおこなわれ、黒色漆で塗り固められている。

特徴的な技法として、弓の中央部近くと想定される位置に、砂混じりの漆を厚さ約五ミリ前後に分厚く塗りつけた箇所がある。他に一〇号、一八号弓にも同様の技法が施されている。これが持ち手部分（グリップ）になるのかは断言できないが、最大径がくる位置であることは、その可能性を示しているといえるだろう。一八号弓には「M」字、「W」字状の巻きつけも施されている（図48左）。

「漆塗り飾り弓」ではなく「漆塗り丸木弓」

さて、こうした漆塗りの弓のことを儀礼などで使う「飾り弓」と称することが多い。一方、巻きつけや漆塗りを施さない実際の狩猟で使う白木の弓のことを「丸木弓」という。両者を並べて比較してみると、確かに漆塗り弓は装飾性がある。

しかし、こうした巻きつけや漆塗りを「飾り」とするのは現代人の解釈であり、そこには「装飾性が高いもの」＝「儀礼的なもの」という図式が見え隠れする。実際、縄文時代の弓を概説的に説明するとき、儀礼用の弓としてイメージされるのは飾り弓であることが多い。わたしもこれまで「飾り弓」という表現をしてきたが、下宅部遺跡の弓を分析した結果、「飾り弓」としていたものは高性能な実用品であるという結論に至った。その認識に立つと、「飾り弓」という名称には違和感があった。

そんななか、飾り弓をはじめとした下宅部遺跡の漆工関連出土品が、二〇〇八年度の東京都指定有形文化財（考古資料）に指定された。そのときに都の担当者から「飾り弓ではなく、漆塗り丸木弓のほうが適当ではないか」という指摘を受けた。弓の構造からいえば、「丸木弓」の対極に位置するのは、木や竹を貼り合わせる「複合弓」である。ただし、「複合弓」は縄文時代ではまだ確認されていない。縄文時代の「飾り弓」は丸木弓に漆を塗ったものだから「漆塗り丸木弓」である。もっともな指摘であった。しかしながら、この場では煩雑となるので、白木の丸木弓を「丸木弓」、漆塗り丸木弓を「漆塗り弓」と表記することとする。

漆塗り弓は実用か儀礼用か？

では、なぜ漆塗り弓が実用品であるという結論に至ったのか。弓そのものの属性と、遺跡からの出土状況の両面から検討してみよう。

まず、素材となる樹種だが、これは一六ページに記したように、イヌガヤやニシキギ属（マユミ？）などの粘りがあって弓に適した樹種が選択されている。そして、漆塗りの弓を丸木弓と比較すると、より太く長い傾向にあり、樹皮の巻きつけや糸巻きを施すことで弓の強化がなされているなど、機能の面からみればより高性能な弓であるといえる。

また、使用痕も認められる。二〇号弓は残存長一〇七センチ（復元長一六五センチ）、最大径三・二センチの最大級の弓であるが、握りに想定される部分に手擦れと思われる漆皮膜の摩耗や修繕の痕跡が認められ、使い込まれた弓であると考えられる。漆の皮膜が損傷している場合、それがいつおこった損傷なのかの判断はむずかしい。使用当時なのか、廃棄後なのか、あるいは発掘調査時なのか。二〇号弓の場合、漆の損傷部から損傷していない部分にかけて、新たな漆の付着があり、この部分の漆皮膜が使用当時に損傷していたことと、なんらかの手当を施していたことがわかる（図49）。

しかし、こうした属性は、漆塗りの弓が弓として使用されていたことを示しているにすぎず、それは儀礼的に使われていてもおこりうることである。実際の狩猟で使われていたかどうかは、出土状況にヒントがある。

下宅部遺跡からは、シカとイノシシの骨が大量に、かつ集中して出土している。もっとも貝塚ではないので生の骨は化石化しておらず、やわらかい粘土細工のような状態であり、劣化のはげしいものがほとんどである。ただそんななかにも切断痕が明瞭な資料があり、河原で解体

図49 ● 20号弓の漆皮膜損傷部
赤色漆が剝げた箇所から剝げていない箇所にかけて、指紋のような漆汚れがある。

作業がおこなわれていたことは確実である。弓はこれらの生骨にともなって出土した。

　獲物の解体作業は一連の狩猟活動のなかに位置づけられる。集落を出て丘陵のなかで狩りをし、獲物を仕留めたならすぐに河原に運び解体する。このとき、解体作業にともなって狩猟儀礼がおこなわれたと考えられる。仮に漆塗りの弓が儀礼用の弓であれば、ここに登場するのは、まさに似つかわしい。

　しかし、狩りには俊敏な動きが求められる。狩りの間、解体のときに使うためだけの大型の儀礼用の弓を携行するとは考え難い。また、解体場である下宅部遺跡は、本体の集落からそんなには離れていないと思われる。獲物を仕留めたあと、一人が集落まで儀礼用の弓をとりに戻ることも可能であろう。それならば、弓は折れていない完全な形の弓のはずである。解体場に残される可能性も低いだろう。折れた状態で解体場に残されていることが、実は漆塗りの弓が実用品であることを示していたのである。また、これはもう一つのことも示唆している。弓が折れるのは狩りの真っ最中であるから、解体場に折れた弓があるということは、折れた弓をもち帰っているということである。

本当に狩猟儀礼はあったのか?

弓と大量のシカやイノシシの生骨が出土しはじめたのは、下宅部遺跡の調査が始まってから二年目のことである。狩猟の道具と獲物がともなって出土し、しかも生骨が集中している所から弓が出土している。このことから、そこになんらかの因果関係、おそらくは解体にともなう狩猟儀礼の存在が予想できた。しかし、儀礼の証明は非常にむずかしい。

　そんななかで、興味を引く弓がみつかった。二一号弓である（図50）。それまで出土していた弓は、すべてが折れて分断した片割れであった。ところが二一号弓は、中央部付近でささくれるように損傷しているが、つながったままなのである。割れ口の重なり方に乱れが生じており、おそらくは二つ折りに近い状態まで折り曲げられたのが戻った結果であると考えられる。また、使用時に想定される彎曲《わんきょく》方向に対し、直交する力が加わって折れている。つまり、折る力が弓の側面からかかっていることになり、弦を引き絞ったために折れたというものではなかった。

　興味を引いたのはそれだけではない。全体のつくりが細くて実用に耐えうる強度に欠け、細部も節の突起の処理がなされていない。弓の両端にある弦をかけるための弓筈《ゆはず》の加工も四面を粗く剝ぎとっただけの粗雑なもので、仕上げもなされていない。これは実用品ではない、「折

図50 ● 21号弓
強度不足で粗雑な加工の第21号弓の全体と、ささくれのような損傷部の拡大。

るための弓」だと直感した。

しかし、わざと折ったことの証明もむずかしい。この答が出たのは、イヌガヤの弓をつくって射出実験をくり返していたときのことであった。何度も矢を射ているうちに、弓が折れた。節のところから弾け飛ぶように分断したのである。何本弓をつくっても、折れるときは必ず節のところから折れてしまう。

イヌガヤは横枝が一カ所から放射状に生えるため、節が集中し、乾燥すると節に亀裂ができやすい。弓を引くとそこから裂けるように折れる。ところが、生木の状態では節は堅く、折ろうとして力を加えると節と節との間で折れる。しかも弾力があるので、折れてもつながったままとなる。つまり、二一号弓は生木の状態で折られたことになる。弓は乾燥状態で使用するものなので、使用中に折れたのではなく、意図的に折ったことが明らかとなった。

その後、同じように折れてはいるが、つながったままの弓が二本出土した。二八号と二九号弓である。つくりが細く、節の処理や弓筈の加工が粗雑な点も共通していた。そして、とくに注目すべきは二九号弓で、折った損傷部の上にイノシシの下顎骨《かがくこつ》が置かれていたのである（図51）。まさに縄文時代の儀礼の姿がそのままあらわれた感があった。簡略なつくりで、弓として一度も使用されることなく、生木の状態で折られた弓。その上に獲物の頭部を据えた様子は、自然神に対する供儀、豊猟を感謝するための狩猟儀礼の痕跡と捉えることが可能である。

弓をともなったものではないが、類似の資料として、イヌガヤと思われる枝の裂け目に挟まった状態のシカの寛骨《かんこつ》が出土している（図52）。獲物の一部を添える点では共通するが、そ

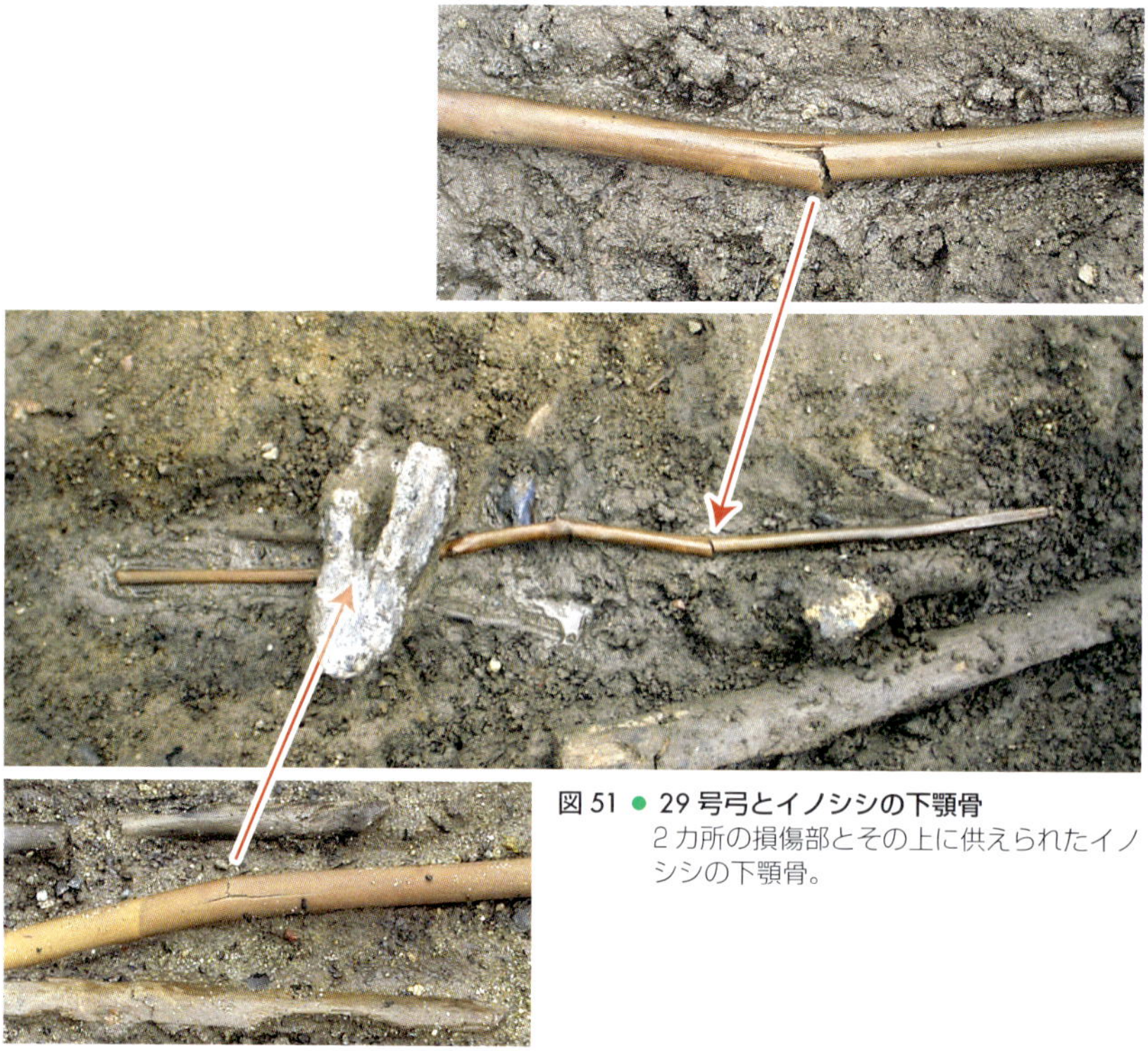

図 51 ● **29 号弓とイノシシの下顎骨**
2 カ所の損傷部とその上に供えられたイノシシの下顎骨。

図 52 ● **裂いた枝に挟まれたシカの寛骨**
さまざまな儀礼の作法があったのだろうか。

の方法は、まったく異なっている。また、弓を燃やすことにより欠損させる例もあり、その時々の狩猟の状況に応じて変化する、幾通りかの作法の存在を想定することができる。

全部が狩猟儀礼につかわれていた

粗雑な弓を儀礼用につくり、それを折って獲物の一部を供えるという狩猟儀礼の姿が浮かび上がったが、ではほかの弓にはどんな意味があるのだろうか。下宅部遺跡において、すべての弓の出土状況に質的な差はない。獣骨との相関関係からみて、これらが儀礼に供された点では同様と考えられる。

下宅部遺跡から出土した弓を整理すると、漆塗りの弓、実用的な丸木弓、儀礼的な丸木弓の三種類がある。漆塗りの弓が実用的な弓であることは先に記したが、その最後に、折れた弓をもち帰っていることに触れておいた。なぜもち帰ったのか。そしてもう一つ、儀礼用につくった弓は、なぜ折る必要があったのか。この二つを考え合わせることで一つの仮説が生まれる。

折れた弓をもち帰ったのは、それを用いて儀礼をするためである。つまり、狩猟中に折れてしまった弓があれば、それをもち帰り、解体時の儀礼に用いるのがもともとの在り方であったのだろう。しかし、弓が一本も折れなかった場合には代用品が必要であり、その場で形だけを似せた儀礼用の弓を作成するが、もともと折れた弓の代用品であるから、新たにつくった弓も折れていなければならなかった。

漆塗りの弓のもち主は狩猟チームのリーダー格、手練《てだ》れの者であっただろうと予想される。

リーダーは同時に儀礼をとりおこなう者であろう。また、性能のよい道具は、それだけでよりマジカルな性格をもち、複数の壊れた弓があった場合には、飾り弓が儀礼用として優先的に選択されたものと思われる。下宅部遺跡からまとまった数の飾り弓が発見された理由も、このあたりに求めることができるのかもしれない。

5　集落はどこに

下宅部遺跡と日向北遺跡

水辺での作業や、狩猟儀礼をおこなっていた人びとの住まいはどこにあるのだろうか。下宅部遺跡の調査範囲からはみつかっていない。作業場的な遺跡の場合、集落から離れている可能性もある。しかし、下宅部遺跡から出土した遺物量は膨大でありその種類も多く、土偶や石棒といった祭祀的遺物の数も多い。その量は長期間にわたる集積の結果だとしても、集落から出土するような遺物群の様相を呈していることから、近くに居住域が存在したものと思われる。

その候補地としてもっとも有力なのは、下宅部遺跡の南側、川を挟んだ対岸に位置する日向北遺跡である（図53）。日向北遺跡は部分的な調査しかおこなっておらず詳細は不明のままだが、川から一段上がった平坦な微高地から縄文時代晩期の住居跡が発見されており、後期の遺物も出土している。時期的には下宅部遺跡と重なっている遺跡である。

その西側に広がる第一五二番遺跡も同時期の河原を利用した遺跡であり、約五〇〇メートル下流にある鍛冶谷ッ遺跡を含め、この一帯には縄文時代後・晩期の遺跡が遺跡群を形成している。武蔵野台地にあっては貴重な後・晩期の遺跡群だが、遺跡の全体像がつかめているのは下宅部遺跡だけであり、遺跡群としての検討はこれからの課題でもある。

下宅部遺跡第一地点の大規模な調査が終了したのち、その周辺の第二～六地点で小さな調査をおこなった。結果として遺物・遺構の出土は少なく、下宅部遺跡の主要部分は、いくらか南側にふくらむ部分を含めた第一地点におさまる可能性が高くなった。これは、微視的にみると、下宅部遺跡と日向北遺跡の間に遺物・遺構が散漫になる空白地帯（第三～五地点）があることを示している。また、位置的には、日向北遺跡は第一五二番遺の東端の河原と接している。やはり部分的な調査しかおこなっていないため実際には発見されて

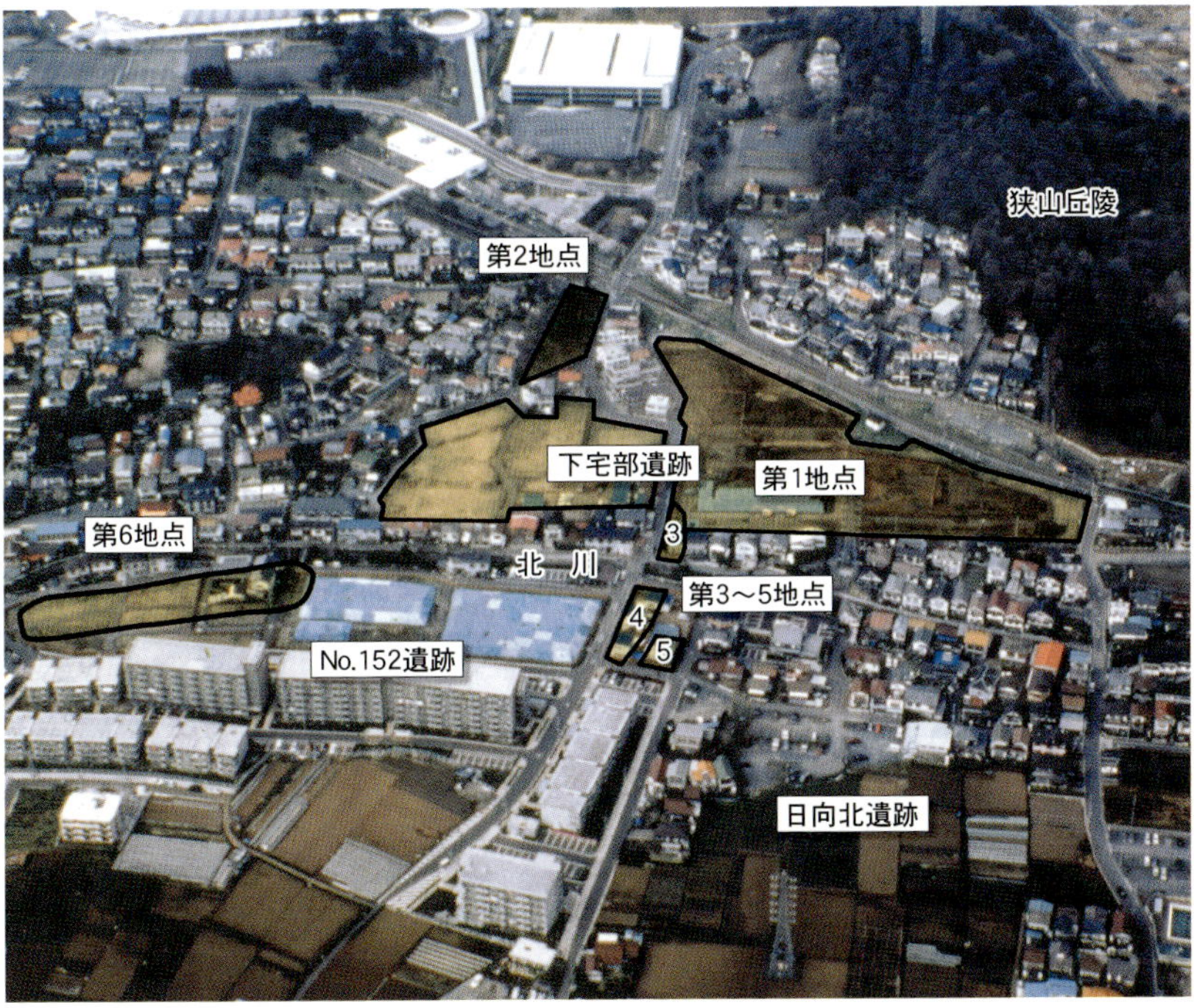

図53 ● 下宅部遺跡と日向北遺跡
日向北遺跡は下宅部遺跡の上流の対岸に位置している同じ時期の遺跡である。

いないが、この周辺に日向北遺跡に住んだ人びとが利用した水場があった可能性もある。

しかし、日向北遺跡から下宅部遺跡をながめると、その距離は二〇〇メートル程度しか離れていない。同時に存在していれば、互いに何をしているのかが見てとれる距離であり、関連がないとは考えがたい。仮に日向北遺跡が隣接地に水場を備えていたとしても、下宅部遺跡で作業おこなっていた可能性は高く、居住域の候補とすることができる。

もう一カ所、候補地がある。下宅部遺跡第一地点の中央部には南北の谷があり、それを境に大きく東西の調査区にわけられる。川から上がった乾いた土地で、遺物・遺構の密度が濃いのは東側調査区の低地平坦面から丘陵縁辺部にかけてであり、竪穴状遺構、土坑、埋設土器や焼土跡などの遺構群が広がる（図6参照）。この広がりが線路を越えて谷の奥の平坦部につづいていると予想され、居住域である可能性が考えられる。しかし、あくまでも予想であり、日向北遺跡ともども調査ができる日がくることを期待したい。

なお、西側調査区は平坦部が狭く、若干の焼土跡や埋設土器がみつかっただけであり、さらに丘陵を上がった第二地点でも遺物・遺構は発見されなかった。また、川から上がった平坦部の第六地点でも若干の遺物が出土しただけで縄文人の痕跡は希薄であり、周辺に居住域が存在した可能性は低い。

下宅部遺跡の景観は二次林

最近の遺跡の調査、とくに低湿地遺跡の調査の場合、さまざまな理化学的な分析をおこなって環境などを復元することが試みられている。下宅部遺跡でも、調査開始当初からそうした学際的な調査体制をとってきた。ここでは、おもに樹種同定分析の成果から縄文時代の下宅部遺跡一帯の景観をみていきたい。

下宅部遺跡から出土した大量の木材のなかから、約四〇〇〇点について樹種同定をおこなった。そのうち、縄文時代に属するのは三三二四点あり、なんらかの人為的加工があるさまざまな加工木や水場遺構の構成材、杭、弓、容器などの木製品は二一〇八点、自然木が一二一六点である。本書の文中でもさまざまな樹種の話が出てきたが、すべてこれらの分析結果によるものである。

木製品をみた場合、複数の水場遺構が発見されている関係で、点数的には杭が圧倒的に多数を占める。第2章でも触れたが、杭には耐湿と耐久性にすぐれたクリが多用されており、必然的に木製品中に占めるクリの比率も高くなる。下宅部遺跡の主体である縄文時代後期では、木製品の二八パーセントにクリを使用している。しかし、自然木としては約四パーセントしか出土してない。また、下宅部遺跡を象徴するウルシは、木製品としては約七パーセントを占めるのに対し、自然木ではわずかに約一パーセントにすぎない。

自然木としてはカエデ属が約一一パーセントでもっとも多く、トネリコ属、トチノキ、エノキ属、コナラ節、イヌガヤ、ヤマグワとつづく。こうした樹木が下宅部遺跡の周辺に繁茂していたのであり、これらは森林にかなり人の手が入った二次林の様相を呈していたことを示している。それに対して、クリやウルシは居住域に密接する形で管理された林があり、そこから遺跡に用材としてもち込まれたのではないかと思われる。

集落にはクリとウルシが立ち並ぶ

塗料としての使用や土器の補修だけでなく、石鏃の矢柄への固着などさまざまに利用できる漆は、縄文人の生活にとって必需品だったであろう。縄文人は、漆液の採取の可能な春から秋の間を通して、土器の補修などの必要に応じて、適宜少量の漆の採取をおこなっていた。また、漆液の分泌がもっとも活発な夏から秋にかけて、土器や木製品などへの漆の塗布というような、漆を多量に使用する作業をその採取とともにタイミングを合わせておこなっていたと考えられる。そして、シーズンの最後には、冬場に使用する漆を確保し、保管する。つぎの年になれば、また新しい漆が採取できるのであるから、それ以上の貯蔵を必要とする必然性は今のところ見いだせない。また、下宅部遺跡の漆液容器からも必要最小限の保管しかおこなっていなかったことが予想できる。

しかも、下宅部遺跡からは、川辺の施設の一部である杭列の構成材として、クリとともにウルシが大量に使われていた。ウルシはクリと同様に水に強い丈夫な木材であることから、それらが選択的に使われたことが想定されるが、それ以上に、ウルシがクリとともに集落の周辺に集められ、積極的に管理されていたことが考えられる。ウルシは森林の縁辺部の日当たりの良い場所でよく成長する。縄文集落の周辺に、クリとともにウルシの木が立ち並ぶ景観は、けっして特殊なものではなかったと思われる。

組み合わされる技術

しかし、下宅部遺跡は、漆生産に特化した特殊な遺跡ではない。ここを利用して暮らしていた縄文人の日々の生活を彷彿とさせるさまざまな資料が発見されている。それは食料の調達や道具の作製という日常生活であり、同時にそれにともなう儀礼の姿でもあった（図54）。

その一つとして「漆」があった。今のところ縄文時代のウルシ樹液採取の具体的な資料は、下宅部遺跡でしか発見されていない。杭として再利用されたことによる賜物ではあるが、その採取方法が、その後の漆工工程と同様に、現代にも通ずるところがあるのも驚きであった。考古資料の発見は、その情報が広まることによって類例が増加していく。ウルシ材は水に強く、杭に転用される可能性が高い。出土した杭をこまかく観察していけば、今後は全国各地で「ウルシ樹液採取の傷」が発見されることになるだろう。

漆工技術は木材加工技術や石器製作技術と同様に、道具をつくるための技術である。道具は主に食料を獲得するための手段である。シカ・イノシシ猟を例にすると、狩猟の道具は弓矢である。弓は木を削り出し、

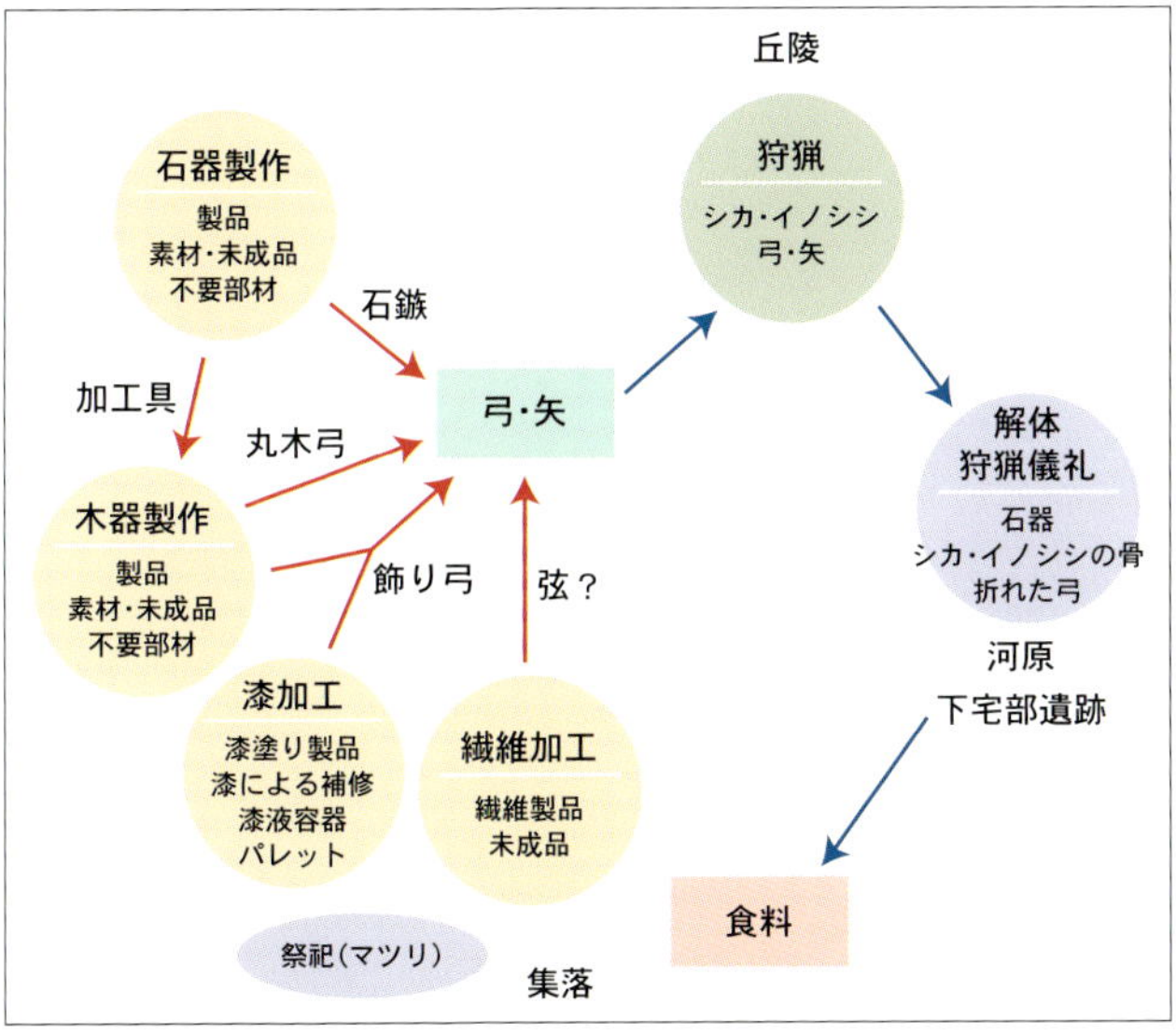

図54 ●シカとイノシシを対象とした弓による狩猟
さまざまな技術は互いに組み合わさって一つの道具となり、
さまざまな道具を使って一つの生業がなりたっている。

漆を塗って仕上げる。弦も植物から繊維をとってつくっていたであろう。矢はササ・タケ類の先端に、漆と紐を使って石鏃を装着する。矢羽根も漆でつけていたかもしれない。こうして完成した弓矢を携えて狩りに出かけ、獲物を仕留めると河原で解体し、祈りを捧げていた。

普遍的な遺跡としての下宅部遺跡

これまで見てきたように、下宅部遺跡からは、漆工をはじめとしてさまざまな生業活動に関する遺物や遺構が出土している。これは下宅部遺跡が低湿地遺跡だからこそ残存していた。川から上がった乾いた土地に存在していたであろう居住域を調査したからといって、こうした有機質の資料が出土する可能性はほとんどない。それは日本の土壌が強い酸性であることから、通常の台地の遺跡では有機質の資料が腐って失われてしまうからである。

しかし、みつからないからといって、なかったわけではない。どこの集落でも木製品や漆製品を使い、木の実やシカ・イノシシの肉を食べていた。当然ながら、その加工や処理をおこなっていた場所も各集落に付随していたはずである。つまり、下宅部遺跡が示したものは下宅部遺跡の特殊性ではなく、どの遺跡もが普遍的に背後に備えているはずの生業活動の具体像なのである。

調査開始から一〇年以上が経過し、漆関連の出土品をきっかけに世に知られるようになった下宅部遺跡であったが、この間に低湿地遺跡の調査は格段に増加した。今や低湿地遺跡の調査をおこなえば、量の多寡はあれ、漆関連の遺物がみつかることは珍しいことではない。時期的な話としても、少なくとも縄文時代前期以降の漆利用が普遍的であったのは、最近の各地での低湿地遺跡の調査で、漆関連遺物が豊富に出土していることがそれを裏付けている。

消えた縄文人

武蔵野台地では、縄文時代後・晩期になると遺跡が極端に少なくなる。下宅部遺跡のある東村山市においてもそれは同じであり、唯一日向北遺跡だけが存在していた。ところが、下宅部遺跡が発見され、膨大な遺物が出土した。下流にある鍛冶谷ッ遺跡も同様の遺跡になりそうな気配がうかがえる。川の調査をすると後・晩期の遺跡がみつかり、人がいたことは間違いないのだが、集落がみつからない。縄文時代中期までいた人びとは、いったいどこに隠れてしまったのだろうか。

下宅部遺跡を利用した人びとの居住域を、日向北遺跡や下宅部遺跡の隣接地に想定はしてみたものの、出土した遺物量に見合うだけの規模の集落がそこに存在したかは、実のところ疑問である。遺跡群としてみたとき、下宅部遺跡が複数の集落の共同作業場である可能性も再検討する必要があるだろう。

そして、膨大な遺物を残したまま、縄文時代晩期中葉以降しばらくの間、下宅部遺跡からは人びとの気配が消えてしまう。つぎに人びとが姿をあらわすのは、古墳時代も半ばを過ぎてからになる。

第4章　中世までつづく祈りの場

1　埋もれてゆく川

縄文時代の清らかな川から濁った川へ

第1章でも述べたように、下宅部遺跡の谷でもっとも川の利用が顕著だった縄文時代後期から晩期前葉まで、川には主に砂礫が堆積していた。透明度の高い流速のやや早い川であったと想定できる。きれいな水であったからこそ、利用価値が高かったのではないだろうか。この段階までの川のことを「縄文時代河道1」とよんでいる（図55）。

その後、地形的に大きな変化がおこる。縄文晩期中葉（約二九〇〇年前、安行3c式）の頃に、大規模な、もしくは頻繁な洪水により、谷は約一・五メートル埋没し、その埋積土のなかに新たな川が形成された。この段階の川を「縄文時代河道2」（図55）とよんでいる。河道2は泥が堆積する川である。河道1にくらべて勾配がゆるくなり、流速が遅くなってしまったた

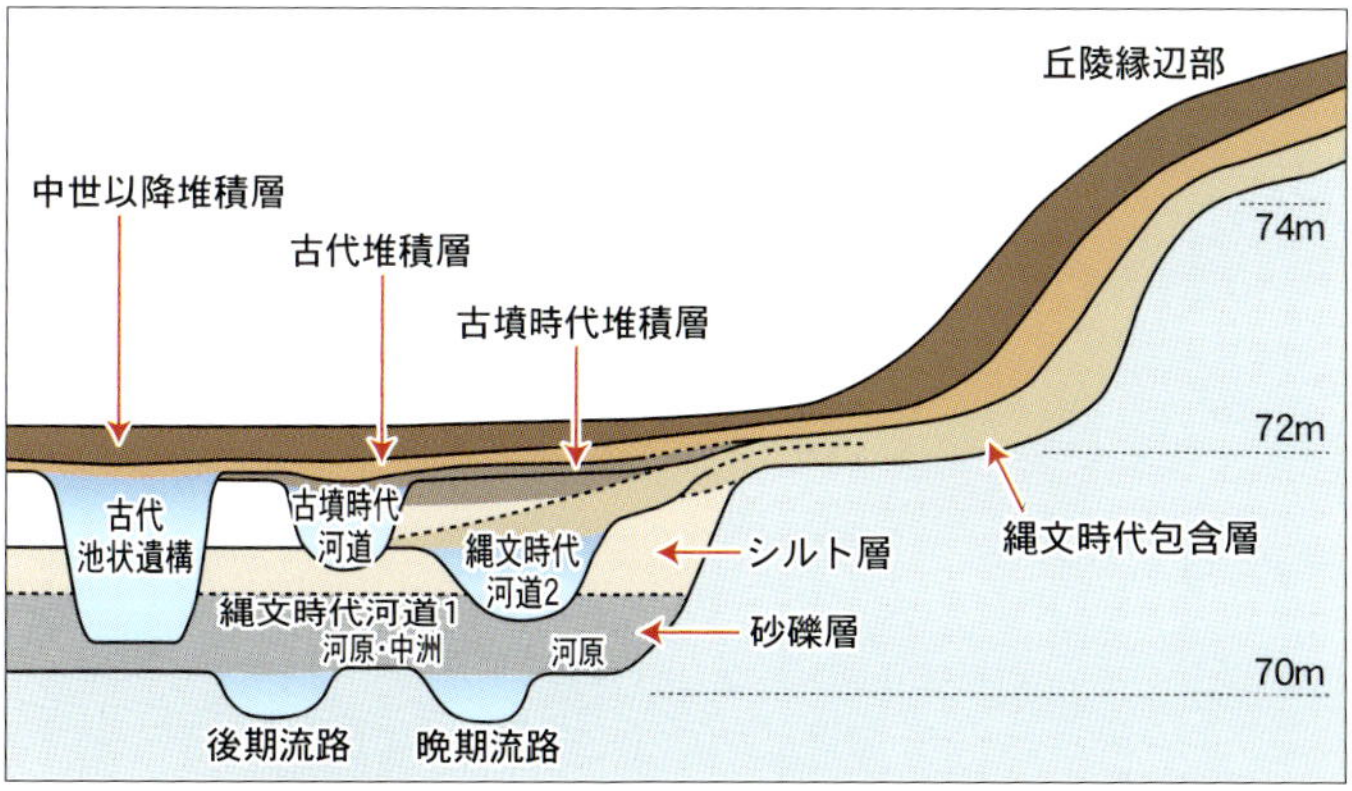

図 55 ● 河道の変遷
縄文時代の河道 1 から古代の池状遺構まで、谷が埋没していくなかでの位置関係を模式的にあらわした。なお、縄文時代河道 1 の晩期流路は、晩期前葉まで。縄文時代河道 2 は、晩期中葉以降。

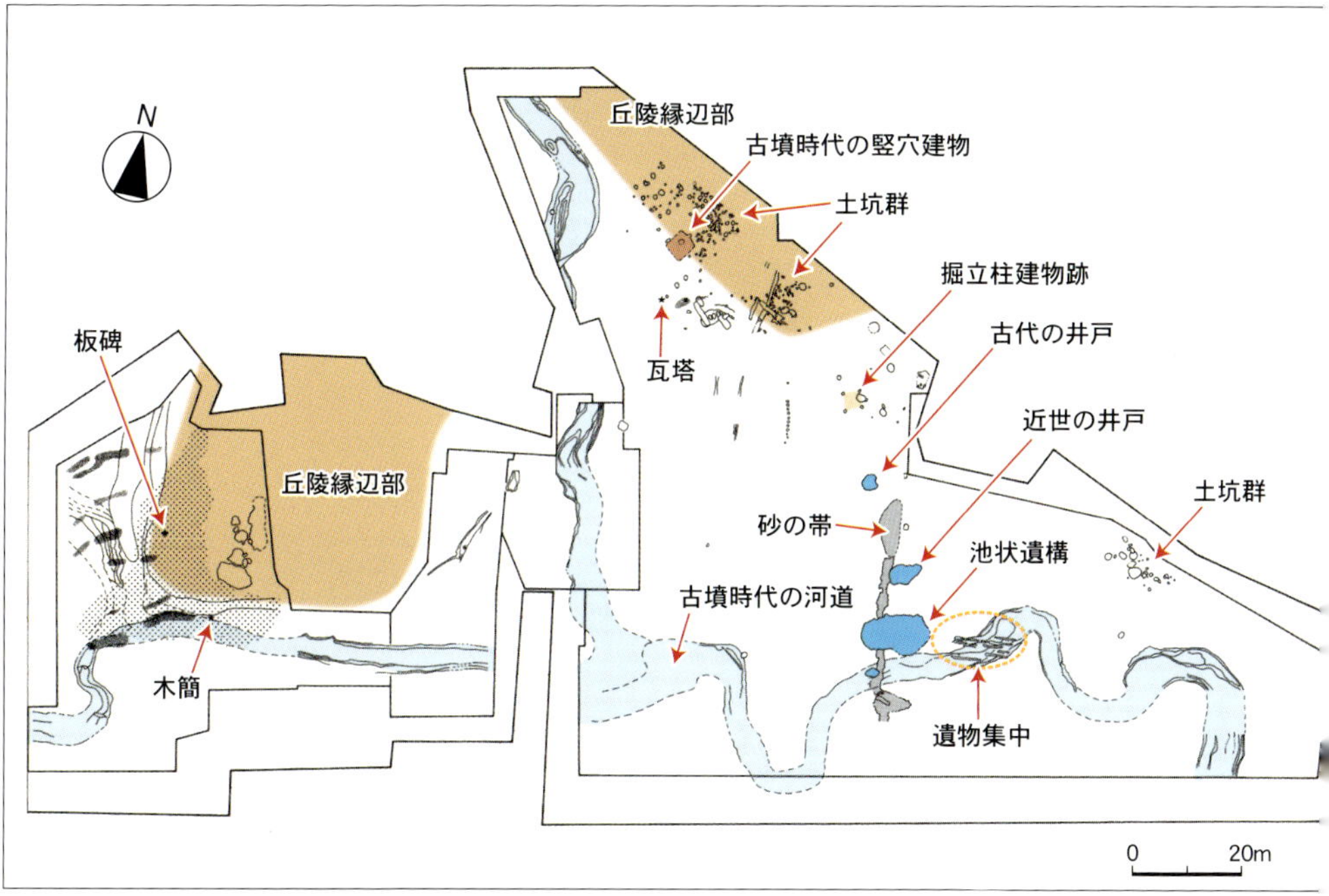

図 56 ● 古墳時代以降の下宅部遺跡
古墳時代以降の遺構全体図。縄文時代と比較すると、深い谷が埋まり、遺構が散漫になる様子がうかがえる。

め、軽い粘土粒子などがただよう透明度の低い川であったと推定される。そのためか川の利用も限定的になり、遺物量も減少する。河道2は約二八〇〇年前（安行3d式）までの遺物が確認できているが、晩期後葉から弥生時代、それと古墳時代前葉までの痕跡ははなはだ希薄である。

つぎに遺構・遺物が増えはじめるのは、古墳時代中葉からになる（図56）。対応する川は「古墳時代河道」である。古墳時代河道は谷底全体が河道2の段階よりも約五〇センチ埋没が進んだなかを流れている。岸と川底までの比高差も約五〇センチと浅い。この河道からは、祭祀的性格をもつ石製模造品をともなう木組みのなかにワラビを敷き詰めた遺構や、横槌《よこづち》などの木製品が出土している。

2　再び祭祀場として

奈良・平安時代には池となる

奈良時代になると、池状遺構があらわれる（図57）。庭園の池ではなく、田畑のための溜め池でもない。おそらく井戸でもないだろう。大きさは東西に約一二メートル、南北に約五メートル、深さは約一・五メートルの人工の池である。水の供給源は池の底にある。当時はすでに地下水脈となっていた縄文時代の川まで掘り抜いていたのであった。

発掘調査で掘り進めていくと、池の中央部を南北に渡る数本の横架材と、それに沿って打ち込まれた長い杭が出土した（図57）。見たところ横架材は橋桁《はしげた》、杭は橋脚《きょうきゃく》に相当する。ただし、これらは製材された木材ではなく、組まれてもいない。また杭の打ち込みも浅く、構造物としては、はなはだ頼りない強度である。さらに、橋桁の間には橋板はなく、ササ類やアシのような草本類が方向をそろえて堆積していた。

この見かけ上の橋は、おそらく神を送り迎えするためのものであったのだろう。橋の両側の延長線上の地面には、砂が道のように帯状に敷かれていた。祭祀をとりおこなうときに水面に浮かべたアシはやがて沈むが、厚く堆積したアシは、その祭祀が何度もくり返されていたことを物語っている。

墨書土器

この池状遺構の東側に、墨で文字や記号を記した墨書《ぼくしょ》土器を含む須恵器の集中出土地点がある。池状遺構から出土した破片との接合関係も多くあり、当時の人びとはここを広場として池状遺構に向かい、水場の祭祀をおこなっていたようである。

須恵器は八世紀代のものから一〇世紀代のものまであり、三〇〇年近くこの池が機能していたことがわかる。墨書土器は二〇点あり、

図57 ● 池状遺構
中央に渡っている横架材の間にアシなどの草本類が厚く堆積しており、遺物はこの外側に投げ込まれていた。

もっとも多い墨書は「家成」で六点（図58右）。しかし、欠けてしまって「家」や「成」だけになってしまったものも、元々は「家成」であると考えられるから、その数は一一点となる。「家成」が人名なのか吉祥句なのかはわからない。ただ、時期差がある須恵器に同じ「家成」の文字があることは、吉祥句とみたほうがいいのかもしれない。

また、この池状遺構から西に約一三〇メートルいったあたりで、「宅」の墨書が六点出土している（図58左）。記されている須恵器の時期は同じ頃のものであり、片や「家」であり、片や「宅」である。また、「宅」の字は「宅部」に通じる可能性があり、ひょっとすると「宅部」の地名が八世紀代にさかのぼる可能性も考えられることになる。

池状遺構の少し北側から、四本柱の掘立柱建物跡がみつかっている。残っていた柱材を年代測定してみたところ、池状遺構よりも少し古い、古墳時代末から古代にかけての遺構であることがわかった。遺物は何も発見されていないが、他の建物が何もない場所に一軒だけ建つお堂のような建物であり、池状遺構に先立つ祈りの場であった可能性がある。

図 58 ● 墨書土器
「家成」や「宅」といった文字は奈良時代に多く、平安時代に入ると「○」や「×」などの記号が増える傾向がある。

祭祀で投げこまれたもの

池状遺構からは鉄製品も出土している。横刀《たち》、鉄斧《てっぷ》、鋤先《すきさき》、刀子《とうす》の四点（図59）。出土したときにも驚いたが、横刀の表面に錆が出ているだけで、ほとんど錆びていないのである。手にとるとずっしりと重い。鉄の重量がちゃんと残っている。古墳に副葬された鉄製品は赤錆でスカスカになっているものが多いが、池状遺構出土のものは研げば切れそうである。

鉄は打ち直して何度でも再生できる資源であるから、ゴミとして捨てることはまず考えられない。しかも、鉄斧と鋤先にいたってはほとんど未使用である。ただし、柄がない。木材があれば残っている環境であるから、斧も鋤も鉄の部分だけを外して投げ込まれたものである。

横刀は折れていた。長さは三五センチ。切っ先側である。先端は潰れ、全体は側面方向にゆるく彎曲し、折れ口は変形している。切っ先を堅いものにあて、曲げ折った状態である。また、峰に赤色顔料（ベンガラ）が一部残っていた。鉄の成分分析の結果でも、これらは実用品としての硬度に欠け、儀礼用品としてつくられた可能性がある。

横刀

櫛

鋤先

鉄斧

図59 ● **出土した鉄製品や櫛**
鉄製品にはすべて赤色顔料が塗布されていた。櫛も呪術的性の強い資料であるから、これらは祭祀に用いられたと考えられる。

木製品のなかでやや特殊なものとしては櫛が二点出土している（図59）。その歯は非常にこまかく、一センチの間に一一本が刻まれている。櫛はいずれも見かけ上の橋の範囲、アシの茎が集中するなかから出土している。近くからはモモの種子もみつかっており、櫛とモモとなれば、古事記のイザナキとイザナミの神話が思いおこされ、マジカルな性格が色濃い。

六〇年ぶりに接合した瓦塔

一九九七年の調査中のある日、なにか変な物が出たというので行ってみると、須恵質のゆがんだ板で、縁のほうに棒状の貼りつけがしてある。瓦塔の破片であった。大きさは約二〇×三〇センチ、けっこう大きい（図60下）。

東村山ふるさと歴史館には、市内の多摩湖町出土の瓦塔のレプリカが展示されている（図60上）。高さ約二メートル、瓦塔としては最大級のものであり、瓦塔の基準資料といってもいいものである。一九三四年に発見された本物は、東京国立博物館の平成館に展示されている。現在、宅部山遺跡というその出土地は、下宅部遺跡の北側の丘陵上にある。距離にして約二五〇メートル。参考にふるさと歴史館のレプリカと比較してみると、よく似ている。もしや同一個体か、ということで実測図を調べてみると、まさに一層目屋蓋《おくがい》部の欠落部分が同じ形をしていた。等倍に拡大した実測図を切り抜いたものを接合してもぴったりと合う。すぐに東京国立博物館に連絡をとったところ、その瓦塔は、新しく建設中の平成館に展示すべく、折しも解体修理中であった。早々に出土した瓦塔片を東京国立博物館にもち込み、実際に合わせてみたところ、見事に接合面が一致した。六〇年前に発見されていた資料との接合が確認された。

この瓦塔片の発見により、いくつかの新事実が明らかとなった。その一つは、屋蓋部の裏面、垂木《たるき》の表現などがなされている部分に、赤色顔料の付着が数箇所確認できたことである。つまり実際の木造の塔が朱塗りされている部分には、瓦塔も同じように赤色塗彩されていたことが明らかになった。

それと、これは余談になるが、一九三四年に発見された多摩湖町の瓦塔は、東京国立博物館（当時は帝室博物館）にもち込まれ、接合・復元されている。そのときに接着剤として使われたのは、漆であった。しかも、今回の解体修理に際して、その漆がとれない。漆の接着剤としての有効性が、はからずも証明されたのであった。

図 60 ● 接合した瓦塔
上：1934 年に発見され復元された瓦塔のレプリカ。
下：1997 年に発見された第一層屋蓋部。

謎の中世遺構

瓦塔は古代の仏教関係の遺物だが、中世でも板碑《いたび》や呪符木簡《じゅふもっかん》などの仏教系の遺物が出土している（図61）。下宅部遺跡の西側丘陵縁辺部に、川原石を敷き詰めた「石敷き遺構」がある。そこから板碑の破片がまとまって出土した。浅い凹みにこまかい破片を入れ、最後に大きな破片をかぶせたような状態であった。種字などの陰刻から室町時代の板碑かと思われる。また、石敷き遺構直下の低湿地部から「南無阿弥陀仏」と記された時期不明の呪符木簡が一点だけ出土している。

中世では、石敷きは非日常の世界をあらわすといわれている。石敷きと墳墓、板碑がセットで出土することも珍しくはない。下宅部遺跡では墳墓は確認できなかったが、板碑や呪符木簡があり、やはりここも非日常の場であったと思われる。

縄文時代には作業の場であり祭祀の場でもあった下宅部遺跡は、古墳時代から古代・中世にかけても祈りの空間だったのである。

図61 ● 呪符木簡（左）と板碑（右）
右：「南無阿弥陀仏」の下にも「第六日敬白」の文字が読める。長さ20㎝。
左：阿弥陀如来をあらわす板碑の出土状況。

下宅部遺跡

・東京都東村山市多摩湖町4丁目3・4番地およびその周辺
・交通　西武鉄道新宿線・国分寺線「東村山駅」乗り換え、西武園線「西武園駅」下車徒歩5分

遺跡の中央部は一部を発掘したのみで、大部分は地下に保存され、「下宅部遺跡はっけんのもり」として遺跡公園となっている。公園には体験学習ひろばがあり、土器の野焼きや火おこしなど、さまざまなイベントがおこなわれている。詳細は、東村山ふるさと歴史館、東村山市八国山たいけんの里へ。

下宅部遺跡はっけんのもり

東村山ふるさと歴史館

東村山ふるさと歴史館

・東京都東村山市諏訪町1―6―3
・電話　042（396）3800
・開館時間　9：30～17：00（入館は16：30まで）
・休館日　月・火曜日（祝祭日の場合は翌日の平日）、年末年始
・入館料　無料
・交通　西武鉄道新宿線・国分寺線・西武園線「東村山駅」下車西口徒歩10分

下宅部遺跡から出土した丸木舟がロビーに展示されている。

東村山市八国山たいけんの里

・東村山市野口町3―48―1
・電話　042（390）2161
・開館時間　9：30～17：00（入館は16：30まで）
・休館日　月・火曜日（祝祭日の場合は翌日）、年末年始
・入館料　無料
・交通　西武鉄道西武園線「西武園駅」下車徒歩10分

「自然と人との関係」をテーマとした体験学習施設。東村山市内の遺跡出土資料をすべて収蔵。下宅部遺跡出土資料を収蔵展示室で見ることができる。

東村山市八国山たいけんの里

刊行にあたって

「遺跡には感動がある」。これが本企画のキーワードです。

あらためていうまでもなく、専門の研究者にとっては遺跡の発掘こそ考古学の基礎をなす基本的な手段です。また、はじめて考古学を学ぶ若い学生や一般の人びとにとって「遺跡は教室」です。

日本考古学では、もうかなり長期間にわたって、発掘・発見ブームが続いています。そして、毎年厖大な数の発掘調査報告書が、主として開発のための事前発掘を担当する埋蔵文化財行政機関や地方自治体などによって刊行されています。そこには専門研究者でさえ完全には把握できないほどの情報や記録が満ちあふれています。しかし、その遺跡の発掘によってどんな学問的成果が得られたのか、その遺跡やそこから出た文化財が古い時代の歴史を知るためにいかなる意義をもつのかなどといった点を、莫大な記述・記録の中から読みとることははなはだ困難です。ましてや、考古学に関心をもつ一般の社会人にとっては、刊行部数が少なく、数があっても高価なその報告書を手にすることすら、ほとんど困難といってよい状況です。

いま日本考古学は過多ともいえる資料と情報量の中で、考古学とはどんな学問か、また遺跡の発掘から何を求め、何を明らかにすべきかといった「哲学」と「指針」が必要な時期にいたっていると認識します。

本企画は「遺跡には感動がある」をキーワードとして、発掘の原点から考古学の本質を問い続ける試みとして、日本考古学が存続する限り、永く継続すべき企画と決意しています。いまや、考古学にすべての人びとの感動を引きつけることが、日本考古学の存立基盤を固めるために、欠かせない努力目標の一つです。必ずや研究者のみならず、多くの市民の共感をいただけるものと信じて疑いません。

監　修　戸沢　充則

編集委員　勅使河原彰　小野　昭　小野　正敏　石川日出志　小澤　毅　佐々木憲一

著者紹介

千葉敏朗（ちば・としろう）

1961年、北海道生まれ。明治大学文学部史学地理学科考古学専攻卒業。

東京都東久留米市主任調査員を経て現在、東村山ふるさと歴史館学芸員。

主な著作「下宅部遺跡における狩猟儀礼」『原始・古代日本の祭祀』（同成社）、「漆器製作のムラ―下宅部遺跡―」『縄文時代の考古学6　ものづくり』（同成社）

写真提供

東村山ふるさと歴史館：図1・3～5・7～22・26・29・32～35・37～53・57～61
吉見町教育委員会、小矢部市教育委員会：図30
独立行政法人国立公文書館：図31（『日本山海名物図会』三）
二戸市教育委員会：図36

図版出典

国土地理院：図2（数値地図25000「東京」）
東村山ふるさと歴史館：図6・55・56

上記以外は著者

シリーズ「遺跡を学ぶ」062

縄文の漆《うるし》の里・下宅部《しもやけべ》遺跡

2009年10月25日　第1版第1刷発行

著　者＝千葉敏朗

発行者＝株式会社 新 泉 社
東京都文京区本郷2-5-12
振替・00170-4-160936番　TEL03(3815)1662／FAX03(3815)1422
印刷／萩原印刷　製本／榎本製本

ISBN978-4-7877-1032-1　C1021

シリーズ「遺跡を学ぶ」

A5判／96頁／定価各1500円＋税

第Ⅰ期（全31冊完結・セット函入46500円＋税）

01 北辺の海の民・モヨロ貝塚　米村衛
02 天下布武の城・安土城　木戸雅寿
03 古墳時代の地域社会復元・三ツ寺Ⅰ遺跡　若狭徹
04 原始集落を掘る・尖石遺跡　勅使河原彰
05 世界をリードした磁器窯・肥前窯　大橋康二
06 五千年におよぶムラ・平出遺跡　小林康男
07 豊饒の海の縄文文化・曽畑貝塚　木﨑康弘
08 未盗掘石室の発見・雪野山古墳　佐々木憲一
09 氷河期を生き抜いた狩人・矢出川遺跡　堤隆
10 描かれた黄泉の世界・王塚古墳　柳沢一男
11 江戸のミクロコスモス・加賀藩江戸屋敷　追川吉生
12 北の黒曜石の道・白滝遺跡群　木村英明
13 古代祭祀とシルクロードの終着地・沖ノ島　弓場紀知
14 黒潮を渡った黒曜石・見高段間遺跡　池谷信之
15 縄文のイエとムラの風景・御所野遺跡　高田和徳
16 鉄剣銘一一五文字の謎に迫る・埼玉古墳群　高橋一夫
17 石にこめた縄文人の祈り・大湯環状列石　秋元信夫
18 土器製塩の島・喜兵衛島製塩遺跡と古墳　近藤義郎
19 縄文の社会構造をのぞく・姥山貝塚　堀越正行
20 大仏造立の都・紫香楽宮　小笠原好彦
21 律令国家の対蝦夷政策・相馬の製鉄遺跡群　飯村均
22 筑紫政権からヤマト政権へ・豊前石塚山古墳　長嶺正秀
23 弥生実年代と都市論のゆくえ・池上曽根遺跡　秋山浩三
24 最古の王墓・吉武高木遺跡　常松幹雄
25 石槍革命・八風山遺跡群　須藤隆司
26 大和葛城の大古墳群・馬見古墳群　河上邦彦
27 南九州に栄えた縄文文化・上野原遺跡　新東晃一
28 泉北丘陵に広がる須恵器窯・陶邑遺跡群　中村浩
29 東北古墳研究の原点・会津大塚山古墳　辻秀人
30 赤城山麓の三万年前のムラ・下触牛伏遺跡　小菅将夫
別01 黒耀石の原産地を探る・鷹山遺跡群　黒耀石体験ミュージアム

第Ⅱ期（全20冊完結・セット函入30000円＋税）

31 日本考古学の原点・大森貝塚　加藤緑
32 斑鳩に眠る二人の貴公子・藤ノ木古墳　前園実知雄
33 聖なる水の祀りと古代王権・天白磐座遺跡　辰巳和弘
34 吉備の弥生大首長墓・楯築弥生墳丘墓　福本明
35 最初の巨大古墳・箸墓古墳　清水眞一
36 中国山地の縄文文化・帝釈峡遺跡群　河瀬正利
37 縄文文化の起源をさぐる・小瀬ヶ沢・室谷洞窟　小熊博史
38 世界航路へ誘う港市・長崎・平戸　川口洋平
39 武田軍団を支えた甲州金・湯之奥金山　谷口一夫
40 中世瀬戸内の港町・草戸千軒町遺跡　鈴木康之
41 松島湾の縄文カレンダー・里浜貝塚　会田容弘
42 地域考古学の原点・月の輪古墳　近藤義郎・中村常定
43 天下統一の城・大坂城　中村博司
44 東山道の峠の祭祀・神坂峠遺跡　市澤英利
45 霞ヶ浦の縄文景観・陸平貝塚　中村哲也
46 律令体制を支えた地方官衙・弥勒寺遺跡群　田中弘志
47 戦争遺跡の発掘・陸軍前橋飛行場　菊池実
48 最古の農村・板付遺跡　山崎純男
49 ヤマトの王墓・桜井茶臼山古墳・メスリ山古墳　千賀久
50 「弥生時代」の発見・弥生町遺跡　石川日出志

第Ⅲ期（全25冊　好評刊行中）

51 邪馬台国の候補地・纒向遺跡　石野博信
52 鎮護国家の大伽藍・武蔵国分寺　福田信夫
53 古代出雲の原像をさぐる・加茂岩倉遺跡　田中義昭
54 縄文人を描いた土器・和台遺跡　新井達哉
55 古墳時代のシンボル・仁徳陵古墳　一瀬和夫
56 大友宗麟の戦国都市・豊後府内　玉永光洋・坂本嘉弘
57 東京下町に眠る戦国の城・葛西城　谷口榮
58 伊勢神宮に仕える皇女・斎宮跡　駒田利治
59 武蔵野に残る旧石器人の足跡・砂川遺跡　野口淳
60 南国土佐から問う弥生時代像・田村遺跡　出原恵三
61 中世日本最大の貿易都市・博多遺跡群　大庭康時
62 縄文の漆の里・下宅部遺跡　千葉敏朗
別02 ビジュアル版 旧石器時代ガイドブック　堤隆